Kulinarische Erlebnisreise durch Frankreich

Baignets aux pommes 13 à la
pe

Marianne Kaltenbach

Kulinarische Erlebnisreise durch Frankreich

BIRMINGHAM
GROSSBRITANNIEN
LONDON
Themse
Bristol
Dover
Southampton
Straße von Dover
Plymouth
Der Kanal
Guernsey
Jersey
Cherbourg
Golf von St. Malo
AMSTERDAM
Den Haag
NIEDER-LANDE
ROTTERDAM
DUISBURG
DÜSSEL-DORF
Antwerpen
KÖLN
BRÜSSEL
BELGIEN
Maas
Calais
Flandern
Artois
Roubaix
Lille
Abbeville
Gemüse
Amiens
St. Quentin
Ardennen
LUXEMBURG
Dieppe
Picardie
Charleville-Mézières
Le Havre
Rouen
Seine
Ile de France
Soissons
Reims
Oise
Mosel
Metz
Caen
Gemüse
Marne
Epernay
Champagne
Lothringen
Nancy
Brest
Gemüse
St. Brieuc
St. Malo
Normandie
Dreux
PARIS
St. Dizier
Gemüse
Seine
Chartres
Fontainebleau
Troyes
Quimper
Bretagne
Rennes
Maine
Laval
Le Mans
Loiret
Orléans
Orléanais
Loire
Vannes
Loiretal
Loir
Auxerre
Burgund
Gemüse
Angers
Tours
Sologne
Dijon
Saône
Besançon
Belle-Ile
Nantes
Loire
Anjou
Vierzon
Ile de Noirmoutier
Touraine
Nivernais
285m
Hauteurs de Gâtine
Berry
Bourges
Franche-Comté
Châteauroux
Chalon-s.-Saône
Vendée
Poitiers
Poitou
Moulins
Ile de Ré
Bresse
Bourg
Genf
La Rochelle
Creuse
Montluçon
Loire
Beaujolais
Ile d´Oléron
Rochefort
Allier
Dombes
Bugey
Charente
Limoges
Clermont-Ferrand
Annecy
Cognac
Limousin
LYON
Rhône
Chambéry
Auvergne
Gironde
St. Étienne
Périgueux
Brive
Obst
Grenoble
Périgord
Zentral-massiv
Golf von Biscaya
Bordeaux
Libourne
Valence
Dauphiné
Arcachon
Dordogne
Obst
Bordelais
Obst
Landes
Lot
Cahors
Montélimar
Rhône
Gemüse
Rodez
Millau
Orange
Digne
Tarn
Les Causses
Garonne
Gemüse
Montauban
Cevennen
Gascogne
Armagnac
Roquefort
Mont-de-Marsan
Albi
Obst
Avignon
Nîmes
Provence
Adour
Aix-en-Provence
Bayonne
Biarritz
Auch
Obst
Toulouse
Languedoc
Montpellier
Reis
Camargue
Béarn
Bilbao
Baskenland
Pau
Tarbes
Béziers
MARSEILLE
Toulon
Carcassonne
Obst
Narbonne
Golf von Lion
Pyrenäen
Monte Perdido 3355m
Perpignan
Roussillon
ANDORRA
SPANIEN
Ebro
ZARAGOZA
Mittelm
BARCELONA
100 km

Inhalt

Küche, Land und Leute

Rezepte

Gut essen ist selbstverständlicher Bestandteil des französischen Alltags. Man legt größten Wert auf Frische und Qualität der Zutaten und verwendet viel Sorgfalt auf die Zubereitung – in den Küchen der Spitzenrestaurants ebenso wie für die Mahlzeiten in der Familie.

Zur Abbildung auf Seite 2: Croissants, Brioches, Eclairs und natürlich die Baguettes, die mehrmals am Tag frisch gebacken werden, erfüllen die Bäckereien mit einem unwiderstehlichen Duft.

Liebe Leserinnen, liebe Leser,

dieses Buch zu schreiben hat mir besonders Spaß gemacht, denn Frankreich hat meine eigentliche kulinarische Laufbahn am stärksten geprägt. Es ist nun etwas schwierig, die Küchen eines so vielfältigen Landes auf ein paar Buchseiten zu beschreiben. Fast jede Provinz Frankreichs hat ihre Besonderheiten. Das gilt sowohl für die Topographie und die Menschen wie auch für die Produkte und das, was daraus gekocht wird. Ich kann, wie der Titel des Buches schon sagt, nur Streifzüge durch dieses große kulinarische Land schildern und nur das Allerwichtigste und Interessanteste erwähnen. Allein ein Verzeichnis der Weine und Käse ergäbe ein kleines Lexikon. Glücklicherweise konnte ich bei den Rezepten noch auf vieles eingehen.
Ich hoffe, daß Sie durch die konzentrierte Kost dieses Buches die kulinarische Vielfalt Frankreichs etwas besser kennenlernen und wünsche Ihnen viel Spaß, wenn Sie es, was ich hoffe, in Ihrer Küche in die Praxis umsetzen.

Marianne Kaltenbach

Savoir-vivre oder die Liebe zum guten Essen

Ich bin auf der Schweizer Seite des „Lac Léman" aufgewachsen, den man im Deutschen etwas prosaisch Genfer See nennt. Frankreich sah ich von meinem Fenster aus, und ich war jedesmal überglücklich, wenn mich meine Großeltern auf eines der imposanten Dampfschiffe mitnahmen, um „drüben" in St. Gingolph, Evian oder Thonon kleine Weißfischchen zu essen. Sie wurden einfach in siedendes Öl getaucht und mit Kopf und Gräten gegessen. Sie waren so knusprig und fein, daß ich dafür die in Butter gebratenen Barschfilets links liegen ließ.

Als junges Mädchen durfte ich dann öfters meinen Patenonkel auf Geschäftsreisen nach Paris begleiten. Dort lernte ich beim Besuch der damals noch zahlreichen Bistros, daß eigentlich keine Pariser Küche existiert, sondern daß es einerseits regionale Spezialitäten aus den Provinzen der jeweiligen Besitzer gibt und dort, wo es vornehmer zuging, die klassische französische Küche zelebriert wurde. Ans Kochen dachte ich damals allerdings noch nicht. Dieser Wunsch kam erst, als ich zum ersten Mal in Südfrankreich war. Ganz begeistert war ich damals in Menton vom Essen im Hotel. Nach einigen Tagen wagte ich mich in die Küche, um den Chefkoch zu sehen. Naiv fragte ich ihn, ob er nach einem besonderen Buch koche, weil alles so wunderbar schmeckte. Zuerst war er etwas beleidigt, wurde aber zusehens milder, als er mein Interesse wahrnahm. Er holte ein dickes, abgegriffenes Buch aus seinem Büro. Es war der „Pellaprat", ein Grundkochbuch der klassischen französischen Küche. Am selben Tag noch eilte ich in eine Buchhandlung, um es zu kaufen.

Dann kamen die Reisen durch Frankreich. Zuerst in die Provence, dann in alle Richtungen quer durch das Land. Damals gab es nicht überall Autobahnen. Man fuhr noch durch Dörfer und verpflegte sich mittags aus kleinen Lebensmittelgeschäften. Da gab es in den kleinsten Ortschaften wunderbaren Schinken, reifen Käse, Pasteten, frische Butter, Weine aus der Region – und vor der Türe – die schönsten Gemüse. Das alles war nicht für die Touristen so arrangiert, sondern das ganz normale Angebot für den Alltag im Dorf. Um die Mittagszeit sah man Kinder und Männer, die von der Arbeit

Immer wieder ein spannender Auftakt zu einem schönen Essen ist die Lektüre der Speisekarte und die Zusammenstellung des Menüs.

Nicht nur ein Fest fürs Auge, sondern auch eine Institution, die kein noch so großer Supermarkt jemals ernsthaft bedrohen wird, sind die allenthalben stattfindenden Märkte.

Eine Stunde oder auch etwas länger kann sie schon dauern, die Unterredung mit den Freunden und Bekannten am Sonntagvormittag. Und wenn der Vater mit dem Brot nach Hause kommt, ist dann auch gerade Essenszeit.

kamen, die brav die langen „baguettes“ vom Bäcker unter dem Arm nach Hause trugen.
Die Franzosen haben ein angeborenes Gefühl fürs gute Produkt, auch wenn heute die kleinen Geschäfte etwas rarer werden und die Einkaufszentren überall aus dem Boden schießen. Aber auch dort sind die Lebensmittelabteilungen sehenswert. Da gibt es zum Beispiel nicht nur eine Sorte Geflügel, sondern alles, von der winzigen Wachtel über das Küken bis zur Ente und Gans – mit den entsprechenden Herkunftsbezeichnungen. Dasselbe gilt für Würste, Käse und andere Produkte, deren Herkunft garantiert wird, und die zu einem Begriff für Qualität geworden ist.
Unterwegs aßen wir oft auch in den „routiers“. Früher erlebte man in diesen vor allem von Lastwagenfahrern besuchten Gaststätten praktisch nie Enttäuschungen. Da gab es neben dem unausweichlichen „steak-frites“ auch kräftige Eintöpfe oder ein frisch zubereitetes Menü mit regionalen Gerichten, und es war immer eine Freude zu sehen, mit welchem Genuß da gegessen und getrunken wurde.
Später, als mein Interesse am guten Essen immer größer wurde, besuchte ich bewußt die vom Guide Michelin empfohlenen Gourmettempel, und ich hatte das Glück, noch die Koryphäen der Zeit vor der sogenannten Nouvelle Cuisine kennenzulernen.
Ich sah, mit welchem Können und Aufwand da gekocht wurde, und wie die einheimischen Produkte entsprechend der Saison auf den Tisch kamen. Kochkurse bei diesen Altmeistern, unter anderem bei André Guillot, genannt „le roi du feuilleté“, dessen Blätterteig im Ofen fast so hoch aufging wie seine Kochmütze, zeigten mir, wie man beispielsweise eine Ente oder ein Reh bis zum letzten Knöchelchen verwertet. Zuerst gab es die edlen Teile, aus dem Rest wurden Ragouts, Suppen oder Fonds.
Dann wurde ich erst recht neugierig und ging auf alle Märkte, die ich ausfindig machen konnte.
Und noch heute ist in Frankreich das Flanieren inmitten von Gemüse, Obst, Fleisch und Käse für mich etwas vom Schönsten.
Die Marktfrauen beschränken sich nicht auf das Verkaufen, wenn sie Interesse spüren. Sie sind gesprächig und man kann vieles lernen aus den Tips oder Rezepten, die sie einem mit auf den Weg geben.

365 Käsesorten soll es in Frankreich geben, für jeden Tag eine, so sagt man. In Wirklichkeit sind es natürlich weitaus mehr. Die folgende Doppelseite zeigt einen kleinen Überblick über die große Vielfalt:
1 Banon, 2 Baratte, 3 Beaufort, 4 Boursault, 5 Brébis des Pyrénées, 6 Brie de Meaux, 7 Brin d'amour, 8 Camembert, 9 Cantal, 10 Chabi, 11 Chaource, 12 Chevrotin, 13 Comté, 14 Coulommiers, 15 Epoisses, 16 Explorateur, 17 Fourme d'Ambert, 18 Gaperon, 19 Langres, 20 Livarot, 21 Maroilles, 22 Mimolette, 23 Münster, 24 Neufchâtel, 25 Picodon, 26 Pont-l'Evêque, 27 Reblochon, 28 Rocamadour, 29 Roquefort, 30 Saint-Marcellin, 31 Saint-Nectaire, 32 Tomme de Savoie, 33 Trappiste de Laval

5
26
20
24
28
8
33
3
13
32
12
27

9
17
31
18
15
4
6
14
16
21
22
29
11
7
2
10
30
25
19
23
1

LINKS UND RECHTS DER STRASSE IN DEN SÜDEN

Kein alltägliches Bild ist diese Savoyardin in der traditionellen Tracht. Auch in den französischen Alpen werden die wertvollen Kleidungsstücke nur noch zu besonderen Anlässen getragen.

Savoyen, Dauphiné und Rhônetal

Viele Jahre fuhren wir von der Schweiz durchs Rhônetal nach Spanien. Zuerst mußten wir uns aber über die Route einig werden. Sollten wir nun von Genf aus Richtung Lyon den Weg nach Valence nehmen oder über Annecy oder Grenoble in den Süden fahren? Sollte man bereits in Savoyen übernachten oder gar die Route Napoléon wählen? Alles war verlockend. Unbedingt wollte ich in den ersten Jahren jeweils bei Spitzenköchen, die bereits in die Küchengeschichte eingegangen waren, vorbeischauen. So in Vienne bei Fernand Point, der schlechte Laune hatte, als wir kamen. Er beförderte gerade einen Gast an die Luft, der es gewagt hatte, zwischen den Gängen zu rauchen. Aber das Essen bei ihm war wirklich hervorragend, wenn auch für heutige Begriffe sehr üppig. Bei ihm trank ich zum ersten Mal einen Côte-Rôtie, den köstlichen Wein aus Syrahtrauben, der etwas weiter unten auf der anderen Seite der Rhône gedeiht. Er gehört heute noch zu meinen Lieblingsweinen wie auch die Weine aus der Viognierrebe, die wir in der Nähe von Vienne, in Condrieu, kennenlernten. Dort empfing uns Madame Castaing in ihrem Kochtenü, geleitete uns in einen kleinen Salon zum Apéritif und drückte uns die Speisekarte in die Hand. Dann hieß es warten, bis man zu Tische gehen durfte. Sie war der erste weibliche Küchenchef, dem ich begegnete, und sie beeindruckte mich jedesmal aufs neue. Sie führte ein strenges Regiment auch mit ihren Gästen und trotzdem fühlte man sich in ihrem hübschen Hotel am Rhôneufer sehr wohl.

Was mir später viel mehr Spaß machte, war das Entdecken der regionalen Spezialitäten. Dazu bot der Weg über Annecy mehr Gelegenheiten. Kaum in Frankreich angekommen, kehrten wir jeweils in eines der schönen, solide gebauten Gasthäuser ein, um etwas Wurst, Schinken oder Käse mit knusprigem Brot, gekrönt von einem Glas Savoyer Wein zu genießen. Besonders gut schmeckte uns der Tomme aus Kuhmilch, der in kleinen Käsereien in Marc gereift wird, und natürlich der bekannte Reblochon. In den bergigen Gegenden Savoyens geht es dann ziemlich rustikal zu. Da spürt man die Einflüsse des benachbarten Piemont, denn Savoyen gehört erst seit 1860 zu

Die Region zwischen Genfer See, mittlerem Rhônetal und dem italienischen Piemont hat besonders bei Bergsteigern und Wintersportlern einen guten Namen. Der Blick in dieses Geschäft zeigt aber, daß man auch kulinarisch einiges zu bieten hat.

Frankreich. So findet man ab und zu noch Polenta sowie verschiedene „civets“ wie Gems- oder Murmeltierpfeffer, deren Saucen mit Blut abgebunden werden.
Die Schweine wachsen meistens noch im Freien auf, und daraus werden dann ausgezeichnete geräucherte Schinken und deftige Eintöpfe.
Auch dürfen, wie überall in Frankreich, die Käse vor dem Dessert nicht fehlen. Außer dem Tomme und dem Reblochon gibt es den Beaufort, den interessanten Trappiste de Tamié, kleine Ziegenkäse und einen feinen, aromatischen Vacherin. Dazu passen die Weißweine von Seyssel und Crépy, die verschiedenen Roussettes sowie andere Vins du Bugey und der prickelnde „mousseux“. Beliebte Spirituosen sind der Marc, der Génépi, ein Kräuterbitter, und natürlich der Chartreuse, der Likör aus dem bekannten Kloster.
In der Dauphiné bemerkt man immer wieder Einflüsse der Lyoner und Savoyer Küchen, dann weiter südlich bereits die der Provence. So wird im Norden mit viel Butter und Sahne gekocht, ab Valence oft schon mit Olivenöl. Man staunt auch immer wieder über die vielen Gratin-

Obst und Wein, die im gesamten Rhônetal in Hülle und Fülle gedeihen, bilden in dieser Frühlingsimpression einen zauberhaften Zweiklang.

varianten aus verschiedenen Gemüsen, Pilzen und Früchten.
In der Umgebung von Grenoble lernte ich bei Michel Rostang, wie man das echte „gratin dauphinois“ zubereitet. Die Gegend ist auch bekannt für ihre Walnüsse und das daraus gepreßte Öl, von dem man sich unbedingt eine Flasche aus der frischen Ernte mitnehmen sollte. Man ißt dort gerne den Käse aus Saint-Marcellin, der leider nicht mehr nur aus Ziegen-, sondern auch aus Kuhmilch hergestellt wird.
Weiter unten, zwischen Valence und Montélimar, wähnt man sich bereits im Süden. Besonders wenn man im Februar oder März dort unterwegs ist. Da blühen schon Mandelbäume, die sich wie Spitzendecken über die Landschaft ausbreiten. Es ist auch die Gegend, wo wir den vielen Honigsorten nicht widerstehen konnten. Da gibt es vom Lavendel- oder dem Rosmarinhonig alle Varianten bis zum Kastanienhonig, den ich besonders gut finde. Aus diesem Honig und den Mandeln des Rhônetals entsteht in Montélimar der berühmte Nougat. Früher verbrachten wir die Nacht ab und zu in einem einfachen Hotel, um Perlhühner zu essen. Dazu empfiehlt man bereits Weine aus dem südlichen Rhônetal, etwa einen Châteauneuf-du-Pape. Übrigens sollte man nicht vergessen, daß die besten Oliven aus Nyons kommen. Deshalb befindet sich für mich die kulinarische Grenze zwischen Nordwesten und Süden bereits da und nicht erst bei Orange oder Avignon.
Die wichtigen Weine des oberen Rhônetals sind der Condrieu, der Château-Grillet, der Clairette de Die sowie der Saint-Joseph, der Saint-Peray und der Cornas.
Man sollte nicht immer schnurstracks in den Süden flitzen, sondern einmal auf die andere Rhôneseite fahren, um zum Beispiel einen Ausflug zu den Gorges de l'Ardèche zu unternehmen, wo Wagemutige in gemieteten Kanus durch die engen Schluchten paddeln. Im „Land der tausend Bäche“, wie die Ardèche auch genannt wird, gibt es Flußfische, Wildschweine, Hasen, Schweine, Schafe, Kohl, Pilze, Eßkastanien und eine spezielle, äußerst delikate Kartoffelsorte, die kleinen, gekrümmten „rattes“. Dazu kommen noch Kirschen, Pfirsiche und Erdbeeren. Dann gibt es dort auch den Pélardon, einen aromatischen Ziegenkäse, von dem es heißt, er könne, zusammen mit einem Kräutertee aus der Gegend,

die Gelbsucht heilen. Den Picodon, ein kleiner Ziegenkäse, wickelte man früher, sobald er trocken war, in ein Eichenblatt, legte ihn in einen Steinguttopf, bis er nach einigen Wochen mit Maden bedeckt war. Man schabte sie weg und konnte einen herrlichen, weichen und aromatischen Käse genießen. So einfach war das damals!
Kehrt man in die einfachen Gasthäuser ein, bekommt man Kohlsuppen, die wie anno dazumal mit Beifuß, Löwenzahn oder Brennesseln gewürzt sind, und die „caillettes“, die einen Freund, der uns einmal begleitete, vermuten ließen, es handle sich um kleine Wachteln. Er staunte nicht schlecht, als ihm eine faustgroße, knusprig braune Kugel vorgesetzt wurde. Sie bestand aus gehacktem Spinat, Mangold, Schweinsleber und weiteren Innereien wie gehackte Lunge, Kutteln und Kalbskopf, grünem Speck, Zwiebeln und Kräutern sowie Knoblauch – alles in ein Schweinsnetz gepackt und im Ofen gebraten. In der Dauphiné werden die „caillettes“ schlecht kopiert, wie eine alte Bauernfrau sagte. „Es gibt ein Sprichwort“, fügte sie noch hinzu: „Gott schütze uns vor dem Hagel, dem Frost und vor den Leuten aus der Dauphiné.“

Die Ardèche, ein Nebenfluß der Rhône, hat zwischen Vallon-Pont-d'Arc und Pont-St.-Esprit tiefe Schluchten in den Fels gegraben – ein beliebtes Ziel für Paddler und andere Abenteurer.

Ein Fest für die Sinne

Sieht man im Süden manches auch ein wenig gelassener, beim Volkssport Boule, der hier Pétanque heißt und ganz selbstverständlich ins Straßenbild gehört, wird genau gemessen.

Provence, Côte d'Azur, Korsika und das südliche Languedoc
Beim Wort Provence denken wir an unbeschwerte Ferien in der Sonne und natürlich an duftende Kräuter, Olivenöl und Knoblauch. Lange beschäftigten mich auch die schwarzen Trüffeln des Tricastin. Für mich gab es seit jeher nur eine erstklassige Qualität, und zwar die aus dem Périgord. Inzwischen weiß ich, daß es Jahre gibt, in denen bis zu achtzig Prozent der Trüffeln Frankreichs aus dem Süden des Landes kommen. Und so läßt sich mancher südfranzösische Gourmet seine Trüffeln mit großem Aufwand aus Cahors oder Périgueux kommen und ahnt nicht, daß sie einige Tagen vorher ganz in seiner Nähe bei Aix-en-Provence oder im Rhônetal gefunden wurden. Eines der besten Trüffelgerichte ist für mich die „brouillade", eine Art Rührei, welches das herrliche Aroma dieser Pilze wunderbar aufnimmt. Dieses Gericht habe ich noch nie besser gegessen als in Lorgues bei Bruno, einem Märchenerzähler, Schriftsteller und Hobbykoch, der inzwischen mit seiner „table d'hôte" Karriere gemacht hat. Übrigens gibt es jetzt in der Provence eine ganze Anzahl von Bauern und Winzern, die abends Gäste bewirten. Die Frau kocht regionale Gerichte aus den Produkten des Hofes und der Mann kredenzt seine Weine dazu. Alles ist sehr einfach, aber reell und überaus preisgünstig, wobei die Kochkünste der Gastgeber natürlich sehr unterschiedlich sein können.
Was mich immer wieder fasziniert, sind die Märkte der Provence. Einer der größten ist in Saint-Tropez am Dienstag und Samstag. Da hat man wirklich einen grandiosen Überblick über die Gemüse, Früchte, Oliven, Gewürze und Käse der Saison und kann auch warmen Schinken, wunderbares Lamm oder Kaninchen kaufen. Anschließend trifft man sich, das heißt, man setzt sich nach dem Einkaufen vor das Café des Arts – um zu sehen und gesehen zu werden. Aber am liebsten kaufe ich in Sainte-Maxime ein. Auf dem Hauptplatz und in den engen Gäßchen stellen Traiteurs, Gemüsehändler und Bäcker ihr Angebot vor ihre Läden ins Freie und in der täglich geöffneten Markthalle, dem „marché couvert", findet man zudem eine reiche Auswahl des saisonalen Angebots. Dort bekomme ich gegen Vorbestellung auch den frischesten Wolfsbarsch

und die besten Meeresfrüchte. Allerdings ist der Besuch dieses Städtchens für mich sehr verführerisch und so kaufe ich regelmäßig zu viel ein.
Wenn man im Restaurant „à la provençale“ essen will, darf man dies nicht in touristischen Orten tun. Vor Enttäuschung bewahrt ist man meistens in unscheinbaren Gasthäusern vor allem in der Haute-Provence. Für ein feines Essen fahre ich deshalb gerne einige Kilometer wie kürzlich nach la Môle, wo man allerdings vorher und nachher eine Mahlzeit auslassen muß, weil alles so reichlich ist. Denn dort gibt es zuerst fünf verschiedene Terrinen zur Auswahl, danach ein Fischgericht, einen Hauptgang und noch fünf Desserts „à discretion“. Einmal wurde ich am Karfreitag von Freunden zu einem großen „aïoli“ auf dem Lande eingeladen. Das war ein Ereignis. Die Besitzerin des rustikalen Restaurants stand persönlich in der Küche und präsentierte uns auf einer riesigen Platte aus Kork die ganze Pracht an Gemüsen wie Kartoffeln, Karotten, Topinamburs, grüne Bohnen, kleine weiße Rüben, rote Bete, Blumenkohl, außerdem kleine zarte Artischocken, Kichererbsen, in Brühe gekochte Schnecken, Tintenfischchen und gekochte Eier. Dazu gab es natürlich die obligate „aïoli“, die ganz frische Knoblauchsauce, und knuspriges Landbrot aus dem Holzbackofen. Auf diese Art läßt

Während die Spieler mit äußerster Konzentration versuchen, den Gegner zu schlagen, sparen die Zuschauer üblicherweise weder mit persönlichen Tips noch mit Beifall.

Nächste Doppelseite: Bei Bonifacio, malerisch auf einen langen Felsvorsprung drapiert, zeigt sich Korsika von seiner dramatischsten Seite.

Zum Essen fast zu schön sind die farbenprächtigen kandierten Früchte der Provence, die vor allem in der Gegend von Apt und Saint-Rémy hergestellt werden. Durch den kompletten Austausch des natürlichen Safts durch reinen Zucker werden die Früchte fast unbeschränkt haltbar.

es sich herrlich fasten. Früher aß man die einfachere Form dieses Gerichts praktisch jeden Freitag und man sagt, daß es in der Straßenbahn von Marseille an diesen Tagen ganz aufdringlich nach Knoblauch roch.
Die Bouillabaisse wird Marseille zugeschrieben, aber ich habe sie dort eigenartigerweise nie gut gegessen. Im Innern des Landes gibt es, außer bei Spitzenköchen, praktisch keinen Fisch. Ein Geheimtip für Fischgerichte sind immer noch die „calanques", die kleinen Buchten zwischen Marseille und la Ciotat. Sie sind zum Teil etwas schwer zugänglich, aber wunderschön. In den kleinen Restaurants gibt es ausgezeichnete Brassen und Wolfsbarsche, die auf Fenchel gegrillt werden. Dazu trinkt man einen Weißwein aus Cassis, der auch am besten zu einer Bouillabaisse paßt.
Prominente Köche der Gegend kochen meistens nicht provenzalisch. Sie halten es mit der „haute cuisine". Natürlich gibt es Ausnahmen. Ein Lichtblick sind junge, talentierte Köchinnen und Köche, die mit den herrlichen Kräutern und den besten Zutaten, die sie finden können, leichte, farbenfrohe, gut abgeschmeckte und sehr schön präsentierte Gerichte kochen, die ganz in unsere Zeit passen.
Eigene Käse hat die Provence nicht viele. Zu erwähnen wäre der Banon, ein in Kastanien-, Eichen-

oder Bohnenkrautblätter eingewickelter, mit Marc befeuchteter, hübsch verpackter, runder, kleiner Laib, der aus Kuh-, Ziegen- oder Schafsmilch hergestellt wird. Dann noch die Brousses und die kleinen Lammkäslein aus Arles, die mit Thymian und Lorbeer gewürzt sind.

Wer wie ich Oliven liebt, kann vielerorts Olivenhaine und Ölmühlen besichtigen. Zum Beispiel an einer der „routes de l'olivier" in den Alpilles, in der Vallée de Baux bei Nizza und Grasse, in Nyons und, wo es mir besonders gut gefallen hat, in der Nähe von Draguignan.

Wer gerne Süßes hat, kommt im Süden voll auf seine Kosten. Da gibt es zum Beispiel die kleinen „calissons" in Schiffchenform, das delikate Mandelgebäck aus Aix-en-Provence. In Apt werden die Früchte der Provence in langwierigen Prozeduren zu den beliebten kandierten Früchten, den „fruits confits".

Zu erwähnen wäre noch, daß sich die Küche von Nizza von der Provenceküche in vielem unterscheidet. Zubereitungen „à la niçoise" bedeuten meistens, daß mit viel Tomaten gekocht wird. Andere Gerichte wie die in Teig fritierten Zucchiniblüten, Ravioli, Makkaroni und ähnliche Gerichte lassen italienische Einflüsse erkennen. Hochinteressant sind auch die Weine des südlichen Rhônetals. Ganz vorzüglich passen sie zu den aromatischen Provencegerichten. Der rote und weiße Châteauneuf-du-Pape ebenso wie der Gigondas und andere, ähnliche Weine aus den Anbaugebieten nördlich von Orange. Vom süßherben Muscat de Beaumes-de-Venise serviere ich ab und zu ein Gläschen zum Dessert. Dann gibt es in der Provence gute Rosés wie den Tibouren aus dem Var, den Tavel und den Lirac, die zwischen Bagnols-sur-Sèze und Avignon gedeihen.

Auch Korsika hat seine eigene Küche. Ganz besonders herrlich sind die zahlreichen wilden Kräuter, deren Duft Napoleon bereits in Toulon wahrzunehmen glaubte. Darunter sind viele unbekannte wie falscher Löwenzahn, Borretsch, Sauerampfer, wildes Spargelkraut, junge Mohnblüten, Kapernkraut, wilde Karotten und andere wilde Gemüse wie wilder Spargel, Chicorée, Fenchel, Schwarzwurzeln, wilde Radieschen, Wacholder und Myrte. Die Bauersfrauen kochen eine Suppe aus roten Bohnen, Lauch, Zwiebeln, Fenchel und Knoblauch und

Grün oder schwarz, eingelegt mit Knoblauch und Kräutern, das ist fast das gesamte Spektrum südlicher Genüsse in schönster Komposition. Die meisten Oliven, die in den südlichen Provinzen geerntet werden, kommen allerdings in die Ölpresse, wogegen auch nichts einzuwenden ist.

Olivenbäume wie dieser in den Alpilles werden sagenhaft alt. Das Öl, das aus seinen Früchten gewonnen wird, dient den Menschen seit über 6000 Jahren als Nahrung, Medizin und zur Körperpflege.

würzen sie mit allen Kräutern, die sie im „maquis“ finden. Zum Schluß kommen noch etwas eingemachte Tomaten und Olivenöl dazu. Die Gerichte sind pikant gewürzt und zum Teil außerordentlich einfach. Man backt und kocht dort heute noch mit Kastanienmehl. Viele Gerichte wie Ravioli, Omeletts und Krapfen enthalten Brocciu, den Frischkäse aus Schafsmilch, der auch frisch geschlagen mit Früchten, Honig oder Mandelsirup serviert wird. Dann gibt es ganz einfache Fischgerichte wie gegrillten Aal mit Lorbeer und Eintöpfe mit Gemüse und Schweinefleisch. Die oft noch freilebenden Schweine ernähren sich von Kastanien, was ihr Fleisch besonders aromatisch und zart machen soll.

Es gibt gute Weiß-, Rosé- und Rotweine auf dieser Insel sowie berühmte Liköre, zum Beispiel der Cédratine aus Zedratzitronen und andere aus Myrte oder wilder Pfefferminze.

Gegen Westen wird die Provence geografisch durch die Rhône und ihren äußersten Arm begrenzt. So gehören die Camargue und Arles noch zur Provence, die Gegend des Gard wird dagegen bereits dem Languedoc zugeordnet. Kulinarisch ist die Grenze fließend. In der Küche der Camargue verwendet man Produkte wie Reis, Rindfleisch und viele Fische und Meeresfrüchte. Ab Nîmes lernt man dann erst die Küche des Languedoc kennen. Sie unterscheidet sich besonders durch die Verwendung des Knoblauchs, der nicht nur als Gewürz, und somit eher maßvoll, verwendet wird, sondern wichtiger Bestandteil der Gerichte ist. In Sète gibt es wiederum Unterschiede. Wir staunten über die Fülle der Meeresfrüchte, die am Hafen an Ständen feilgeboten wurden und die man sich für die Zubereitung ins Restaurant liefern ließ.

Oft gingen wir in unser Lieblingsrestaurant Pescadou zu Mimi. Man konnte durch eine Scheibe in die Küche sehen, wo es laut und hektisch zuging. Nach dem Sturm kam Mimi dann heraus und setzte sich zu den Gästen. Wenn sie guter Laune war, holte sie den Käfig mit ihrer sprechenden Amsel aus dem Nebenraum und ließ stolz den Vogel sein Repertoire aufsagen. Er krächzte „Pescadou“, „cigarèèèète“ sowie andere, nicht immer salonfähige Worte und wir unterhielten uns dabei bestens.

Die Miesmuscheln von Sète wer-

den in der Umgebung von Mèze in Binnenseen gezüchtet. Dazu paßt der blaßrosafarbene Vin des Sables übrigens am besten und zum Dessert ein Muscat aus Lunel oder Frontignan. Wunderbar waren auch die sorgfältig gegrillten Brassen mit der „beurre de Montpéllier“, Butter, die mit viel Kresse, Spinat, Pimpernelle, Petersilie, Kerbel und Estragon gewürzt wird und oft auch noch Kapern, Sardellen und Cornichons enthält.
In Perpignan, am Fuße der Pyrenäen, gibt es dann bereits Paella und andere katalanische Spezialitäten.

Unter den Käsesorten der Gegend wäre der Pélardon-Roussillon zu erwähnen, ein kleiner Ziegenkäse, der dem Pélardon der Cevennen ähnlich ist. Nicht zu vergessen der bekannte Roquefort, der in den Causses hergestellt wird.
Das südliche Languedoc bringt außerdem eine ganze Reihe hervorragender Weine hervor, die man noch nicht überall kennt. Sie sind besonders körperreich. So die Corbières, die Costières de Nîmes, die Côteaux du Languedoc und die Côtes du Roussillon. Dann gibt es noch verschiedene Blanquettes, Clairettes und den Collioure.

Nördlich von Gordes liegt mitten in Lavendelfeldern die Zisterzienserabtei Sénanque. Man meint fast, den Duft der zarten Blüten zu riechen, die hier von alters her getrocknet oder zu wertvollen Ölen verarbeitet werden.

Quer durchs Land bis zum Atlantik

Ob sich die charakteristische Wollfilzmütze der Basken als ebenso schmucke wie praktische Kopfbedeckung auch bei der jungen Generation wird behaupten können? Hier gehört sie jedenfalls immer noch zum Straßenbild.

Abbildung gegenüber: Das pittoreske alte Städtchen St.-Jean-Pied-de-Port war früher eine Station der Pilger auf dem Weg nach Santiago de Compostela.

Roussillon, Pyrenäen, Gascogne und Baskenland

Fährt man von Narbonne aus nach Carcassonne, der wunderschönen alten Stadt, sieht man linker Hand Schiffe auf dem Canal du Midi vorüberziehen, auf denen man idyllische Ferien verbringen kann. In Carcassonne beginnt das Land des „cassoulets“, dem Bohneneintopf, der in vielen Variationen in ganz Südwestfrankreich zu finden ist. Die Gegend ist außerdem berühmt für gefüllten Kapaun, Poularden in Blutsauce mit Rotwein, „saupiquet“ genannt, und einen riesigen Pot-au-feu mit weißen Bohnen. In den Konditoreien findet man „marrons glacés“ und andere kandierte Früchte, Torten und den „bras de Vénus“, eine gefüllte Biskuitroulade sowie Honig und „tourons“, eine Art Nougat, die sich bestens als Mitbringsel eignen.
Von Carcassonne kann man einen Abstecher in die Pyrenäen machen. Dorthin hat sich Michel Guérard, einer der besten Köche Frankreichs, zurückgezogen. In Eugénie-les-Bains hat er mit seiner Frau ein wunderschönes romantisches Hotel eingerichtet, wo man sich mit seiner „cuisine minceur“, die er auch in zwei Büchern verewigt hat, auf die feine Art und ohne kulinarische Opfer schlank essen kann. Sind keine Fettpölsterchen loszuwerden, goutiert man seine „cuisine gourmande“, die es ebenfalls in Buchform gibt.
Begeistert, aber ein Pfund schwerer war ich nach einem Besuch in der Gascogne. Das Herz dieser Gegend wird nach dem „élixir de vie“, das dort gebrannt wird, „pays d'Armagnac“ genannt. In Auch residiert André Daguin, der König unter den gascognischen Köchen. Er ist ein großer, sympathischer Mann, der mich und meine Freunde stets mit seinen lokalen Spezialitäten verwöhnte. So mußte wohl D'Artagnan, einer der drei Musketiere, der von dort kam, ausgesehen haben. Beim Käse und dem Dessert hatten wir stets Mühe, alles zu essen und plumpsten nach den reichhaltigen Abendmenüs jedesmal mehr als satt ins Bett.
In der Gascogne findet man die üppigste Kohlsuppe Frankreichs, die mit gepökeltem Speck, „confit d'oie“ und weißen Bohnen in zwei Gängen serviert wird. Das „confit d'oie“, eingemachtes Geflügelfleisch im eigenen Schmalz, ist die große Spezialität der Gegend, das es nicht nur von der Gans, sondern auch von

9357
RW 64

Gänse spielen in der Küche des Südwestens eine ganz besondere Rolle. Und das nicht nur als Lieferanten der „foie gras“. Für die berühmten „confits“ wird ihr Fleisch im eigenen Fett gegart und eingelegt.

Enten, Hühnern, Puten, Fasanen, Rebhühnern und vom Schwein gibt.

Außerdem wird in der Gascogne auch gerne gebacken. Besonders originell ist der „pastis gascon“, eine Art Blätterteigtorte, deren hauchdünne Lagen mit Hilfe einer Gänsefeder mit flüssigem Gänsefett beträufelt werden. Gefüllt wird er mit in Armagnac marinierten Äpfeln. Nach dem Backen wird der schön aufgegangene Kuchen nochmals mit Armagnac beträufelt.

Die wichtigsten Käsesorten in den Pyrenäen und der Gascogne sind der Saint-Albray, die Brebis des Pyrénées, kleine Lammkäslein, der Bethmale aus Kuhmilch in Zylinderform sowie der Montségur, den ich besonders aromatisch finde.

Gute Rotweine gibt es in der Gegend auch, zum Beispiel den Madiran aus den benachbarten Haute-Pyrénées, der sehr körperreich und haltbar ist.

Ganz anders ist die Küche im Baskenland. Einerseits findet man in dieser Gegend noch einige deftige Suppen, die an die Gascogne erinnern, andererseits liefert der Atlantik Fische, für die es ganz spezielle Zubereitungen mit eigentümlichen Namen gibt, wie den pikant gewürzten „Ttorro“, eine Fischsuppe, oder die „morue pil-pil“, den gesalzenen Stockfisch mit Knoblauchsauce, an dem man

bereits die Nähe Spaniens erkennt. Sehr beeindruckt hat mich der Besuch von Biarritz. Ich hatte in diesem früher sehr mondänen Badeort das Gefühl, in einer anderen Welt zu sein. Ich sah in Gedanken die Kaiserin Eugénie lustwandeln, der diese Stadt ihre Berühmtheit verdankt.
Fährt man weiter in Richtung Bordeaux, kommt man nach Bayonne, um das es einige kulinarische Kontroversen gibt. Früher schrieb man dieser Stadt die Erfindung der Mayonnaise zu, heute überwiegt die Meinung, sie komme aus Mahon. Dann trägt der berühmte „jambon de Bayonne“ den Namen dieser Stadt, obwohl dieser ausgezeichnete Schinken in der Gascogne gesalzen und luftgetrocknet wird.
Unter den baskischen Käsen ist der Lammkäse Ossau-Iraty sowie dessen pasteurisierte, etwas fade Variante, der Etorky, am bekanntesten. Wohl gibt es auch baskische Weiß-, Rot- und Roséweine, sie weisen aber keine besonderen Qualitäten auf. Dafür sollte man den Izarra, einen grünen oder gelben baskischen Likör, versuchen oder, noch besser, ein damit parfümiertes Soufflé kosten.

Wo Schafe sind, da ist auch Milch, und man kann davon ausgehen, daß aromatischer Käse daraus gemacht wird. Das gilt auch für diesen Landstrich in den Pyrenäen.

Schätze aus dem Wasser und aus der Erde

Ein Sauternes vom sagenumwobenen Château d'Yquem hat natürlich seinen Preis. Aber dafür bietet dieser hocharomatische Süßwein auch ein Geschmackserlebnis, wie man es nicht alle Tage hat.

Bordelais, Charente, Périgord und Auvergne
Fährt man von der Gascogne her die Küste entlang in Richtung Bordeaux, kommt man durch die Landes, wo sehr gutes Geflügel gezüchtet wird und es wunderbare Sandstrände gibt, zum Bassin d'Arcachon. Austernfans können dort die Zuchten besichtigen.
Sonderbar fand ich, daß man im Bordelais die Austern zusammen mit kleinen, pikanten Würstchen, mit einer rustikalen „pâté" oder sogar mit „grattons", mit Fettzwiebeln bestrichenem Brot, ißt. Man erklärte mir etwas herablassend, daß dies schon ewig so sei und Ausländer das nie verstehen würden. Was mir hingegen gefiel, war der trockene Graves, der dazu kredenzt wurde.
Bei meiner ersten Reise ins Bordelais schien mir die Küche dieser Gegend auf drei Pfeilern zu ruhen. Einmal auf der „sauce bordelaise", der „foie gras", also der Gänseleber, und der „lamproie", dem häßlichen Neunauge. Früher gab es in der Gironde außer dem Neunauge auch die Störe, die Kaviar lieferten. Und man kann dazu dieselbe Geschichte wie über den Salm am Rhein hören, nämlich daß sich früher die Landarbeiter weigerten, mehr als dreimal pro Woche von diesem Fisch zu essen. Diese Gefahr besteht heute nicht mehr – der Kaviar ist selten geworden.
Im Herbst werden kreative Gerichte mit „palombes", einer Wildtaubenart, Schnepfen, Steinpilzen und anderen regionalen Produkten angeboten. Herrlich sind auch die weißen Pfirsiche in Wein und, wie könnte es in Bordeaux anders sein, zum Kaffee die feinen „macarons de Saint-Emilion".
Das Wichtigste in Bordeaux sind die Weine. Es wäre aber müßig, hier näher darauf einzugehen, denn über dieses Thema gibt es mengenweise dicke Bücher.
Amüsiert hat mich die Entdeckung, daß es da und dort immer noch eine gewisse Rivalität zwischen dem Bordelais und dem Burgund gibt, obwohl ihre Weine vollkommen verschieden sind und beide ihre Liebhaber haben. Besonders sympathisch finde ich den Brauch des „faire chabrot". Beim Auslöffeln einer Bouillon läßt man ein wenig Brühe zurück und gießt ein kleines Glas Bordeaux zu. So kommt auch die einfachste Suppe zu einem glanzvollen Finale.
Der Cognac spielt im ganzen Südwesten und Westen Frankreichs

auch in der Küche eine große Rolle. Man verwendet ihn zum Würzen, Marinieren und Flambieren. Auch in vielen Saucen darf er nicht fehlen. Für die Qualität des Cognac sind die Rebsorten, der Boden und die Reifung in Eichenfässern von entscheidender Bedeutung. Nördlich der Gironde befinden sich die ehemaligen Provinzen Aunis, Saintonge und Angoumois, die zur Region Charente zusammengefaßt wurden. Von dort stammt die „beurre des Charentes“, die noch besser sein soll als die Butter aus der Normandie. Von den Küsten der Charente kommen auch die ausgezeichneten kleinen Miesmuscheln, die „moules de bouchot“, und man versteht sich dort auch aufs beste auf die Fischzubereitung. Das beweisen die Suppe aus Rochenflügel, Seezunge in Weißwein sowie auch die Austern von Marennes, Oléron und La Rochelle.

Ein bekannter Käse der Charente ist der Caillebote d'Aunis. Ausgewählte Weine nördlich von Bordeaux werden hauptsächlich aus den Rebsorten Ugni Blanc, Colombard und Folle Blanche gekeltert.

Ebenfalls aus dem Cognacgebiet kommt ein bei uns wenig bekannter Likörwein, der Pineau des Charentes. Er wird aus un-

In den Wäldern wachsen die schönsten Steinpilze, die „cèpes“. Kein Wunder, daß sie in vielen typischen Gerichten der Region ihren festen Platz haben.

Nächste Doppelseite: Aus ungewohnter Perspektive präsentiert sich hier die Kathedrale Saint-André in Bordeaux, die in ihren imposanten Ausmaßen den Vergleich mit Notre-Dame in Paris nicht zu scheuen braucht.

„Tuber melanosporum“: kugelig, schwarzbraun, bis 15 cm groß, mit warziger Oberfläche, von leicht stechendem pikantem Geruch. So die steckbriefliche Beschreibung des Traums aller Schlemmer, den Trüffeln aus dem Périgord.

vergorenem Saft unreifer Trauben, dem sogenannten „verjus“, und mindestens einem Jahr alten Cognac hergestellt. Jung getrunken hat er ein fruchtiges, frisches Aroma. Noch besser ist er, wenn er einige Zeit reifen konnte.
Von der Gironde her kann man auch das Périgord erforschen. Für viele Gourmets, vor allem für französische, ist Périgueux das kulinarische Mekka. Denn die Trüffeln spielen in der klassischen Küche Frankreichs eine eminente Rolle. Spitzenköche scheinen jedenfalls ohne sie nicht auszukommen. Es ist neben der „foie gras“ das Edelste, was man einem Gast bieten kann – und so hat beides auch seinen Preis. Wohl gibt es hier auch einfachere Produkte und ausgezeichnete rustikale Gerichte wie originelle Suppen aus Kastanien, „fèves“, den Puffbohnen, und anderen Hülsenfrüchten. Doch die delikaten Eiergerichte verdanken ihren besonderen Geschmack wiederum den Trüffeln. Die Eier werden auch gerne damit in einem Konservenglas aufbewahrt, damit sie deren subtiles Aroma aufnehmen.
Eine berühmte Spezialität des Périgords ist der „lièvre à la royale“, ein Gericht, das man im Herbst nicht nur dort, sondern auch in vielen Pariser Restaurants genießen kann. Die Zubereitung ist sehr aufwendig. Ein Wildhase wird sorgfältig entbeint, mit einer Farce, die manchmal auch „foie gras“ enthält, gefüllt, in Entenschmalz gebraten, mit Gemüse und Weinbrand geschmort und zuletzt in einer mit dem Blut des Tieres gebundenen Sauce angerichtet. Ich war einmal in der Jury eines Wettbewerbs für Köche, die dieses Gericht zubereiten mußten. So probierte ich damals sieben verschiedene „lièvres à la royale“.
Es war Ostern, als ich das erste Mal durch die Auvergne fuhr, und mir fiel sofort auf, wie sehr sich das Klima dieser wilden Gegend von dem der umliegenden Landstriche unterschied. Überall hatten wir auf der Durchreise schon Tulpen und Osterglocken gesehen und nun kamen wir praktisch wieder in den Winter. Alles war grau, wild und sogar etwas mysteriös – und überhaupt nicht touristisch. Auf der Graniterde und an den Hängen der erloschenen Vulkane wächst nicht sehr viel. So ist auch die Küche überaus einfach, solide, rustikal und ziemlich unbekannt. Das kulinarische Zentrum der Auvergne ist Saint-

Flour. Wie in früheren Zeiten gibt es dort noch heute sehr viele Suppen aus den Produkten der Gegend wie Kohl, Rüben, Kastanien, Steinpilze, Karotten, Lauch, kleine weiße Rüben und Kartoffeln, mit und ohne Käse. Die bekannteste ist die „soupe auvergnate". Dann gibt es viele Gerichte mit Fleisch und auch Innereien vom Schwein, das man in der Auvergne achtungsvoll mit „Monsieur" tituliert! Eine große Spezialität, die allerdings nicht jedermanns Sache ist, sind die „tripous", mit Schafsfüßen gefüllte Kutteln. Und wer gerne Süßwasserfische hat, kommt auch voll auf seine Rechnung. Da gibt es noch echte Bachforellen, die meistens „blau" gekocht und mit viel brauner Butter aus der Gegend serviert werden.

Für mich einer der besten Blaukäse überhaupt ist der Fourme d'Ambert. Er wurde, was man ab und zu heute noch sieht, in kleinen Hütten auf dem Feld gereift und hat ein überaus mildes Aroma. Bekannt ist auch der Cantal. Er kommt aus der Gegend des Puy de Dôme und wird aus Kuhmilch hergestellt. Dann gibt es den Saint-Nectaire und den Gaperon und verschiedene Ziegen- und Blaukäse.

Um Clermont-Ferrand findet man ein paar Landweine, die keine großen Namen haben. Allein der Chanturgue kann für sich in Anspruch nehmen, eine gewisse Bekanntheit erlangt zu haben.

Die Nachfrage nach Trüffeln ist weltweit so groß geworden, daß der Bedarf kaum noch aus einheimischen Vorkommen gedeckt werden kann. Denn noch ist es nicht gelungen, diesen ebenso merkwürdigen wie kostbaren Edelpilz in Zuchten zu vermehren. Er wird nach wie vor mit speziell abgerichteten Hunden oder Mutterschweinen in den Wäldern der Region aufgespürt.

Der Garten Frankreichs

Rauschende Feste, Liebe, Macht und Intrigen – die Mauern der prachtvollen Schlösser, die kunstsinnige Fürsten in die idyllische Landschaft setzen ließen, könnten viel erzählen. Das Château de Villandry ist in erster Linie für seine Renaissancegärten bekannt, in deren kunstvoll angelegten Beeten nicht nur Blumen, sondern auch allerhand Gemüse zu finden sind.

Orléanais und Loiretal

Die Touraine und die daran angrenzenden Provinzen ist für mich eine der reizvollsten Gegenden Frankreichs. Da könnte ich Wochen verbringen, ohne mich zu langweilen. Aber auch das würde nicht ausreichen, um alle die wundervollen Schlösser der Gegend zu besuchen. Überall stößt man auf Zeugen der französischen Geschichte und in Gedanken sieht man überall historische Gestalten. In Chambord habe ich königliche Treibjagden vor Augen, in Chenonceau Diane de Poitiers zu Pferd und im Schloß von Madame Pompadour eilige Lakaien, die das Leibgericht ihrer Herrin von den abgelegenen Küchen an den reich gedeckten Tisch bringen.

Aber auch als Gourmet kommt man voll auf seine Kosten. Der „Garten Frankreichs" liefert unzählige bekannte und unbekannte Gemüse wie zum Beispiel Karden, violetter Sellerie, „fèves", die dicken Bohnen, und „flageolets", Kernbohnen, interessante Kürbissorten, kleine weiße Rüben und herrliche Früchte wie Beeren, Kirschen, Reineclaudes, besonders gute Äpfel und Birnen, Quitten, Zwetschgen und „nèfles", die Mispeln, um nur einige zu nennen. In den dichten Wälder findet man außerdem reichlich Pilze.

In Orléans habe ich den besten Spargel gegessen, der mir je in Frankreich serviert wurde. Er war im Loir-et-Cher südlich von Orléans kurz davor frisch gestochen worden.

Aus Flüssen und Seen gibt es verschiedene Fische wie Forellen, Zander, Barsch und Hecht, die vorzugsweise mit „beurre blanc", einer Buttersauce, serviert werden, dann Aal in leichter Senfsauce und Alsen, ein Meerfisch, der zum Laichen die Flüsse hochschwimmt, mit Sauerampfer. Mit den guten Weinen der Region entsteht hier auch die beste „matelote". Curnonsky (1872–1956) bezeichnete einmal die Küche der Touraine als „klar, logisch und echt". Übrigens wurde dieser heute noch sehr bekannte Schriftsteller und Gastronom, der eigentlich Maurice Edmond Sailland hieß, in einer alteingesessenen Familie in Angers geboren. Er war der Gründer und erster Präsident der „Académie des Gastronomes" und vertrat eine Philosophie des einfachen, guten Essens ohne Firlefanz. Er betonte immer wieder, daß gute Küche jene sei, die den

Frankreich hat noch sehr viel ursprüngliches Landleben zu bieten. Es hätte kaum treffender eingefangen werden können als in dieser malerischen Szenerie im Herzen der Touraine.

Eigengeschmack der Produkte nicht beeinträchtige.
Eines Tages besuchte ich auch das Manoir de Saché bei Tours, wo Honoré de Balzac einige seiner unzähligen Romane verfaßte. Sein Arbeitstisch steht heute noch in einer kleinen Kammer, wo er bei der Arbeit Unmengen von rabenschwarzem Kaffee trank. Dort entstand auch sein Roman „Le Lys dans la vallée“, der beweist, daß er ein sehr interessierter Feinschmecker war. Vorwiegend bekannt war er allerdings als Vielfraß. Sein Verleger sah ihn einmal zum Abendessen acht Dutzend Austern, zwölf Lammkoteletts, eine Ente mit kleinen weißen Rüben, zwei gebratene Rebhühner sowie eine ganze Seezunge verspeisen. Dazu noch mehrere Hors-d'œuvres und Süßspeisen. Und alles begossen mit den besten Weinen, Likören und Kaffee.
Im Herbst zur Jagdzeit gibt es viel Wild, das phantasievoll zubereitet wird. Zum Beispiel Wachteln, eingehüllt in Weinblätter und geschmort in „verjus“, gefülltes, im Dampf gegartes Rebhuhn, Wildente mit Apfelkrapfen oder Frischling „en salmis“, ein Wildschweinragout. Eine sehr alte und berühmte Spezialität ist die „pâté d'alouette“, die Lerchenpastete, die bereits Charles IX. begeistert haben soll, als er von Hugenotten als Geisel gefangengehalten wurde. Nach seiner Befreiung erließ er ihnen die Strafe gegen das Rezept dieser Pastete.
Geschossen werden auch Krähen, von denen nach einer alten Empfehlung Suppe gekocht werden soll. Das Rezept ist einfach: Man koche sie mit Gemüse und einem großen Stein, bis dieser gar ist, dann sollen es die Krähen ebenfalls sein. Auch Geflügel wird in dieser Region großgeschrieben. Vor allem ein kleines, zartes schwarzes Jungmasthuhn, „géline“ genannt, sowie die bekannten „Col-vert“-Enten. Besonders beliebt sind die „rillettes“, eingemachte Speckgrieben mit Schweinefleisch, die in Steinguttöpfen aufbewahrt und serviert und von Metzgern „confiture de cochon“ genannt werden. Allerdings gibt es „rillettes“ auch aus Hasenfleisch. Aus „rillettes“ wird auch die „quiche tourangelle“ gemacht. Man belegt einen Kuchenboden damit, versieht das Ganze mit einem Eier-Sahne-Guß und bäckt es mit einem Teigdeckel.
Aus der Sologne im Süden von

Bis vor etwa hundert Jahren herrschte auf der Loire noch reger Schiffsverkehr. Gütertransport und romantischer Schiffstourismus finden nun auf den Seitenkanälen statt, die Loire ist heute Europas letzter wilder Fluß. Hier die Kanalbrücke bei Briare.

Orléans stammt die berühmte Tarte Tatin, die man deshalb oft auch „solognote“ nennt. Unbedingt probieren sollte man auch den „tartouillat“, ein Kürbisapfelkuchen. Weiterhin erwähnenswert sind die milden Senfsorten aus Orléans, die in hellen und braunen Variationen hergestellt werden und ausgezeichnet zu kaltem Fleisch passen. Hervorragend sind auch die verschiedenen, besonders aromatischen Essigsorten, die aus den Weinen der Gegend hergestellt werden. Die Provinzen im Herzen Frankreichs bringen auch viele beachtenswerte Käsesorten hervor. Bekannt sind beispielsweise der Olivet, die Crottins de Chavignol sowie auch der Santranges-Sancerre.

Auch Weine gibt es in stattlicher Zahl. Vor allem weiße wie der bekannte Sancerre, der leichte Muscadet und der blumige Pouilly Fumé. Dann auch die Weine aus dem Anjou, die Rotweine aus Chinon und Bourgueil sowie verschiedene lokale, zum Teil rare Provenienzen.

Die Wohltat des Meeres

Daß ausgerechnet im Bigoudenland, wo der Wind oft genug Sturmstärke erreicht, die Trachtenhauben der Frauen eine so eindrucksvolle und filigrane Höhe ausgebildet haben, ist wohl einfach Sinnbild dafür, daß man gelernt hat, der Natur die Stirn zu bieten.

Abbildung gegenüber: Die Pointe du Raz, eine Felsspitze, die weit ins Meer ragt, ist der westlichste Punkt der Bretagne. Finistère heißt diese Gegend deshalb auch folgerichtig, von „finis terrae“, Ende der Welt.

Bretagne

Die Bretagne und die Normandie werden in Beschreibungen gerne zusammen erwähnt, weil sie geographisch zusammenhängen und ähnliche Produkte hervorbringen. Wer aber beide kennt, sieht die Unterschiede. Trotz des etwas rauhen Klimas gedeihen dort dank des Golfstroms vielerorts die herrlichsten Gemüse, unter anderem die großen, fleischigen Artischocken.

Andere Landstriche dieser Region sind sehr arm und beinahe unfruchtbar. Die Bretagne kam erst 1532 zu Frankreich. Den Einheimischen sagt man nach, sie hätten die härtesten Köpfe von Frankreich. Das mag damit zusammenhängen, daß sie ursprünglich Kelten sind. Menhire und Dolmen, die in Carnac zu besichtigen sind, zeugen von dieser Vergangenheit.

Meine ersten Eindrücke über die Bretagne verdanke ich einem Kinderbuch. Wohlsituierte Pariser Familien pflegten früher ihre Dienstboten in der Bretagne zu holen. So kam auch Bécassine in meinem Buch als Kindermädchen nach Paris. Im ersten Band sieht man sie noch als eine Art Gänseliesel in ihrer Heimat mit Holzschuhen, Tracht und nonnenartiger weißer Flügelhaube. Im Hintergrund die bretonische Landschaft, Meer und Windmühlen. Danach entdeckte das junge Mädchen die Wunder der Großstadt. Alle ihre Abenteuer und Mißgeschicke wurden in farbigen Bildgeschichten erzählt. Bécassine schien etwas einfältig, was allerdings täuschte, denn sie zeigte gesunden Menschenverstand und Charakter in ihren Äußerungen. Ihre Heimatsprache wurde von den Parisern nicht verstanden und ihr komisches Französisch liebevoll verulkt. Sie war es, die in mir als Kind den Wunsch weckte, die Bretagne kennenzulernen, was ich später auch tat.

Die Bretagne ist das Land der Fischer par excellence. Sie bringen eine große Vielfalt an Fischen und Meeresfrüchten an Land, darunter Sardinen, Heringe, Seezungen, Glattbutt, Steinbutt, Lachs, Petermännchen, Makrelen, Meeräschen, Rotzungen, Seeteufel, Rochen, Thunfisch, Petersfisch, Wittling sowie unzählige Meeresfrüchte. Besonders erwähnen möchte ich hier nur die kleinen „crevettes grises“, kleine graue Krabben mit ausgezeichnetem Aroma, und den hervorragenden Hummer, die

Der größte Teil der französischen Artischockenproduktion kommt in Form von großen, grünen Köpfen mit dickem, flachem Boden aus der Bretagne. Geerntet wird hauptsächlich von August bis Oktober.

„coquilles St. Jacques“, die Jakobsmuscheln, und die kleinen, fleischigen Miesmuscheln. Eine besondere Spezialität ist die „criste-marine“, eine Meeralge mit blaugrünen Blättern, die nach der Blüte wie Cornichons in einer Essigmarinade eingemacht und zu Wurstwaren oder als Salat gegessen wird. Dazu liefern die Flüsse der Gegend Hechte, Karpfen, Forellen, Aale und Krebse. Von Milchprodukten wird beim Kochen etwas bescheidener Gebrauch gemacht als in der Normandie. So zum Beispiel auch bei den Meeresfrüchten. Man verspeist sie vorwiegend „nature“. Hingegen stammt die „beurre blanc“, die typische Buttersauce, die man in der Loiregegend und bis hin nach Savoyen zum Fisch serviert, aus Nantes. Man findet aber auch sehr rustikale Gerichte wie etwa deftige Suppen.
Berühmt ist die „cotriade“, die bretonische Fischsuppe, von der es mindestens so viele Variationen gibt wie von der Bouillabaisse. Wie diese war sie ursprünglich ein einfaches Fischergericht. Heute sagt man, sie müsse zwölf Fischsorten enthalten, was in der Bretagne natürlich kein Problem ist. Bekannt sind auch die „galettes au blé noir“, die Buchweizenfladen, die lange Zeit die Grundnahrung der Landbevölkerung darstellten. Bei den Crêpes wird für die pikanten Varianten Buchweizenmehl und für die süßen Weizenmehl verwendet. Interessant sind auch die „fars“. Dazu wird Buchweizenmehl mit etwas Wasser verknetet, zu einem Kloß geformt, in einen Sack gegeben, in eine Kohlsuppe mit Speck gehängt und dabei gekocht. Die „fars“ werden ebenfalls in Variationen von pikant bis süß zubereitet, wobei die letzteren mit Weizenmehl, Eiern, Zucker und eventuell Rum ergänzt und in kleinen Formen gebacken werden. Am besten finde ich die mit Dörrzwetschgen.
In der Bretagne werden viele Käse für ganz Frankreich industriell hergestellt. Lokale Spezialitäten sind die verschiedenen Trappistenkäse aus den Klöstern wie der Port-Salut, der Carré breton sowie kleine Ziegenkäse.
Das Hauptgetränk der Bretagne ist wie auch in der Normandie der „cidre“, der Apfelwein. Wird Wein getrunken oder zum Kochen verwendet, ist es meistens der Muscadet von der Loiremündung. Es gibt auch einen Apfelbranntwein, der aber nicht Calvados, sondern „lambig“ genannt wird.

Es mutet den Gast seltsam an, daß die Einheimischen oft Schweinefleisch dem Fisch vorziehen. Auf keinen Fall fehlen darf bei allen Gerichten der Cidre. Ob im Restaurant oder wie hier bei einem fröhlichen Schmaus unter freiem Himmel.

Die Küstenfischer bringen wie hier in Guilvinec täglich die schönste Auswahl an Fischen, Langusten, Hummern, Krebsen und Muscheln an Land. Die köstlichen Austern kommen dagegen fast ausschließlich aus Zuchten.

Sahne, Cidre und mehr

In der Normandie hängt der Himmel voller Äpfel. Beim Gang durch Küche und Keller findet man sie in allen erdenklichen Formen wieder: als Begleiter von delikaten Meerestieren und saftigem Fleisch, in verführerischen Desserts, als spritzigen Cidre oder vollmundigen Calvados.

Abbildung gegenüber: Von wahrhaft atemberaubender Schönheit sind die Kreidefelsen an der Steilküste von Etretat.

Normandie

In der Normandie spürt man heute noch die nordische Vergangenheit. Die Normannen sind ernsthafter als die übrigen Franzosen und eine gewisse Halsstarrigkeit ist ihnen nicht abzusprechen.

Kulinarisch gehört die Normandie zu den bevorzugten Regionen Frankreichs. Das Meer und der Boden bringen alles hervor, was man sich für die gute Küche wünschen kann. Angefangen bei den Fischen und Meeresfrüchten über die vorzüglichen Milchprodukte wie Milch, Sahne und Butter bis hin zu Fleisch, Geflügel, Gemüse und Obst. Die Küche der Normandie ist dementsprechend üppig. Es gibt praktisch keine Sauce, die nicht mit der wunderbaren elfenbeinfarbigen Sahne zubereitet wird. Auch viele Fische und Meeresfrüchte werden damit serviert und oft noch überbacken. Wie in der Bretagne ist die Auswahl an Produkten aus dem Meer sehr groß und vielfältig. Ein Bild vom Angebot kann man sich auf den großen Fischmärkten von Trouville und Honfleur machen. Es gibt aber auch besondere Spezialitäten wie beispielsweise die „demoiselles de Cherbourg". Das sind kleine, zarte Hummer, die „à la nage", das heißt in wenig Flüssigkeit, mit Gemüse und Kräutern sanft gegart und im Sud mit etwas Butter verfeinert, serviert werden. Ein göttliches Gericht! Dann gibt es die rosafarbenen „crevettes bouquet", die in einem Sud aus Wasser, Apfelwein, Meersalz und schwarzem Pfeffer gegart werden und noch warm – meistens im Abtropfsieb – mit Mayonnaise und Gewürzen auf den Tisch kommen. Austern werden in der Normandie nicht nur roh gegessen, sondern oft mit verschiedenen Saucen überzogen und überbacken.

Sehr geschätzt wegen ihrer Qualität sind die Enten aus Rouen. Um das Blut, das für die Sauce des „canard à la rouennaise" benötigt wird, aufzufangen, wurden die Enten früher erstickt. Die Zubereitung mit der Blutsauce ist seltener geworden. Auch im legendären Pariser Restaurant La Tour d'Argent, wo die auf diese Art zubereiteten Enten durchnumeriert werden, ist man heute davon abgekommen. Nicht auslassen darf man die „tripes à la mode de Caen" sowie die geräucherten „andouilles", eine Innereienwurst, und die kleineren „andouillettes". Ebenso drängt

„Er duftet wie die Füße des lieben Gottes", so soll es einmal einem Käseliebhaber angesichts eines Camemberts auf dem köstlichen Höhepunkt seiner Reife entfahren sein, eines echt normannischen, versteht sich.

sich ein Besuch des Mont-Saint-Michel auf. Dort gibt es zwei Restaurants. Empfehlenswert ist die berühmte „omelette de la mère Poulard", die Kreation einer Köchin dieses Namens. Es ist bestechend einfach. Die Eigelbe werden verquirlt, die Eiweiße steifgeschlagen, dann kommt viel Butter in die Pfanne, die Eigelbe werden zugegeben und sobald sie stocken, kommt Sahne hinzu und am Schluß der Eischnee. Das Ganze muß sehr schnell geschehen. Überhaupt werden Omeletts in der Normandie großgeschrieben. Es gibt viele Variationen, zum Beispiel mit Karpfenrogen, Crevetten oder „à la cauchoise" mit Äpfeln. Dann auch Crêpes aus Buchweizenmehl, ähnlich wie in der Bretagne, aber mit Ei, Sahne und Calvados verfeinert und viel dünner.

Im Gegensatz zur Bretagne, spielen Äpfel in der Küche eine wichtige Rolle, und zwar nicht nur bei der Zubereitung von Süßspeisen, sondern auch als Beilage zu Fleisch- und Entengerichten – und natürlich zur Herstellung des „cidre" und des Calvados.

Die Normandie ist berühmt für ihren Käse, vor allem für den Camembert, um den sich die folgende Legende rankt. Man erzählt, daß ein Priester während der französischen Revolution Zuflucht in einem Bauernhaus suchte. Die gottesfürchtige Bäuerin nahm ihn in ihrem Hause auf. Als Dank hinterließ ihr der Geistliche das Rezept eines Käses, der später zum Camembert wurde. Deshalb errichtete man der Bäuerin, Marie Harel, eine Statue in Vimoutiers, genau neben der, die dort zu Ehren der normannischen Kuh steht. Seit kurzem gibt es in dieser Ortschaft auch ein Camembertmuseum, wo man die Herstellung und die Geschichte dieses Käses dargestellt hat.

Ein guter Camembert sollte außen vorwiegend weiß sein und nur wenig braune Streifen aufweisen. Er soll unter Fingerdruck nachgeben, sich aber nicht zu weich anfühlen. Er muß also reif sein, darf aber noch nicht fließen.

Andere bekannte Käse sind der Livarot aus Kuhmilch mit rötlicher Rinde, der zu kleinen Zylindern geformt wird, sowie der Pont-l'Evêque. Dann gibt es noch den Neufchâtel, der dank den Kräutern dieser Gegend aus besonders aromatischer Milch hergestellt wird. Ferner den Pavé d'Auge aus der Nachbarschaft, den Brillat-Savarin sowie den überall erhältlichen Boursin.

Honfleur hat sich den malerischen Reiz eines alten normannischen Hafens erhalten können. Museal geht es im betriebsamen Hafenbecken vor den schieferverkleideten Fassaden deshalb aber noch lange nicht zu.

Das Angebot dieses Fischstands im alten Seebad Trouville – ein Traum für alle, denen die Delikatessen aus dem Meer das höchste der Gefühle sind.

Die geheimen Genüsse des Nordens

Die Landschaften des Nordens stehen den anderen Regionen an Reizen in nichts nach, wie das Bild dieser alten Kirche zwischen den sanften Hügeln des Artois beweist.

Flandern, Artois und Picardie
Im Norden Frankreichs ist die Küche deftig und die Einheimischen, besonders die Flamen, sind bekannt für ihren großen Appetit. Die meisten regionalen Spezialitäten stehen unter dem Einfluß der belgischen Küche. Es gibt im Norden Frankreichs und in Belgien auch ähnliche Produkte wie beispielsweise Chicorée, Lauch und andere Gemüse, Kaninchen, Zwetschgen und vor allem Bier, das übrigens ausgezeichnet ist und auch zum Kochen verwendet wird. Auch manche Käse werden darin eingelegt. An den Küsten gibt es Makrelen, Heringe, Meeraal, Miesmuscheln und Hummer. Bemerkenswert sind auch hier die kleinen, grauen Krabben, die „crevettes grises", die einen einmaligen Geschmack haben. Man findet sie vor allem an der Sommemündung. Allerdings macht das Auslösen dieser kleinen Meerestiere aus der Schale sehr viel Arbeit. Deshalb bekommt man sie vielerorts auch ohne Schale, die vorher von Fischersfrauen und Kindern entfernt wurde. Berühmt für ihre Fischküche ist vor allem die Stadt Boulogne, von der Charles Dickens sagte, wenn man zu Essenszeiten durch die Straßen dieser Stadt flaniere, würden herrliche Düfte aus den Küchen verraten, daß hier das Essen gut sein müsse. Auch heute soll es noch so sein. Den Fischreichtum verdankt Boulogne seiner vorteilhaften Lage, von wo aus die Fischer sowohl in den Kanal als auch an die Küsten Islands und in noch weiter nördliche Gebiete in See stechen.
Im Norden Frankreichs gibt es auch Flußfische wie Karpfen und Aale. Letztere werden wie in Belgien und Holland als „Aal grün" zubereitet. Auch Fleischgerichte und Eintöpfe haben einen hohen Stellenwert. So findet man dort die „carbonade", einen Eintopf aus Rindfleisch, Zwiebeln und Bier, den „hochepot", eine Art Schmorgericht aus Ochsenschwanz oder Schaffleisch sowie, wie in Belgien, den „waterzooï", in Wasser gegartes Hähnchen, der an der Küste auch aus Fischen zubereitet wird.
Beliebt ist auch das „lapin à la flamande", Kaninchen mit Zwetschgen in Wein gekocht, sowie das Roastbeef aus Schaffleisch, das mit Speck und Zunge gespickt wird. Gerne ißt man auch Gemüsegerichte wie beispielsweise die „flamique", ein ausgezeichneter Lauchkuchen

mit einem köstlichen Eierguß. Auch Süßes liebt man im Norden und es werden viele lokale Spezialitäten angeboten wie zum Beispiel die „bêtises", zu deutsch „Dummheiten", von Cambrai und Douai oder die „petits quinquins" von Lille sowie noch viele andere, die alle ebenfalls lustige Namen haben.
Im Norden gibt es kräftige Käsesorten, allen voran der Maroilles, ein Käse, der während der Reife alle zehn Tage mit Bier benetzt wird. Eine Variante dieser Spezialität ist der Dauphin mit Estragon, der oft auch in Herz- oder Wappenform angeboten wird. Er soll für den Sohn von Ludwig XIV. hergestellt und ihm anläßlich eines Besuchs geschenkt worden sein. Bekannt ist auch der stark riechende Maroilles gris, auch „Lille puant" genannt, und mildere Sorten wie der Mimolette française.
Die Biere aus Nordfrankreich haben einen sehr guten Ruf. Unbedingt probieren sollte man auch den Genièvre, ein Wacholderschnaps, der dem englischen Gin in nichts nachsteht. Der bekannteste kommt aus Wambrechies.

Der Chicorée wächst aus der Zichorienwurzel in totaler Dunkelheit in etwa zwei bis drei Wochen zur vollen Größe heran. Um seine appetitlich weiße Farbe zu erhalten, muß man ihn nach der Ernte sofort verpacken.

Quetschen, Quiche und Champagner

Obwohl das alte Winzerstädtchen Riquewihr zu den wohl meistbesuchten Orten des Elsaß gehört, gibt es auch hier immer noch ganz romantische, stille Winkel.

Elsaß, Lothringen und Champagne

Das „wundervolle Elsaß“, wie Goethe es nannte, weckt in mir unzählige Erinnerungen. Zuerst einmal die Weinstraße mit den schönen Fachwerkhäusern, den Storchennestern auf Dächern und Kirchtürmen und die malerischen Weindörfer, wo wir uns zu Speis und Trank gerne niederließen. Immer wieder landeten wir in Riquewihr, dem allerschönsten, damals noch nicht so touristischen Städtchen. Dort bei Schmidt Jules fühlten wir uns zu Hause. In seinem kleinen Beizlein wurden mit einem Glas Sporen, einem Wein, den es nur in diesem Dorf gibt, und „ziwelewai“, Zwiebelkuchen, empfangen. Dann gab es einfach seine jeweilige Tagesspezialitäten, zum Beispiel Froschschenkel, Schnecken, Gänseleberpastete oder Bachforellen aus den Vogesen, danach „coq au Riesling“, „surlewerla“, die Schweinsleber in Weinsauce mit Knöpfle, oder, je nach Saison, gefüllte Gans, Reh oder Wildgeflügel. Das Ganze wurde gekrönt von einem unvergeßlichen Mirabellen- oder Quetschenkuchen. Nach reichlich Riesling oder Traminer und einem Gläschen Himbeergeist, dem „framboise d'Alsace“, sanken wir in den rot ausgemalten Zimmern des Hauses glücklich ins Bett. Ab und zu, wenn die Zimmer ausgebucht waren, verfrachtete uns Schmidt Jules zu einem Freund, dem Apotheker gegenüber, wo wir in einem Hinterzimmer inmitten von wunderschönen Apothekerantiquitäten übernachten durften. Nach dem Frühstück mit frisch gebackenem Kugelhopf ging es weiter nach Colmar ins Museum Unterlinden, wo uns der Isenheimer Altar immer wieder aufs neue beeindruckte. Mittags stärkten wir uns im Maison des Têtes mit einem herrlichen Sauerkraut nach dem Rezept des großen Elsässer Illustrators Hansi, der auch als Hobbykoch bekannt war und seiner Stadt diese Kochanweisung hinterließ. Die Colmarer sind stolz darauf und lassen nichts anderes gelten. Wenn Hansi wüßte, daß man in den Straßburger Nobelherbergen zum Schluß kalten Champagner über das Kraut gibt, er würde sich im Grab umdrehen.

Bei anderen Ausflügen flitzten wir an unzähligen Feldern mit Hopfenstangen vorbei, um so schnell wie möglich in Straßburg zu sein. Es galt, den Markt nicht zu verpassen. Da sahen wir mit Vergnügen, was das Elsaß anzu-

Wenn die Tage kürzer werden, dann ist auch im Elsaß Zeit für die Weinlese. Und die wird hier wie überall, wo der jahreszeitliche Ablauf der Rebenpflege den Alltag bestimmt, unter dem Einsatz aller verfügbaren Kräfte in Handarbeit geleistet.

bieten hat: Fisch wie Forellen, Zander, Hecht und Karpfen, eine Riesenauswahl an Gemüsen, Obst, appetitlichen Geflügel- und Fleischauslagen, unzählige Würste und zur Jagdsaison Wachteln, Rebhühner, Fasane und anderes Wildgeflügel. Hinter dem Markt gab es außerdem einen Flohmarkt, wo ich nach typischen alten Elsässer Kuchenformen Ausschau hielt. Dann suchten wir ein schönes Gasthaus auf und aßen mit Vorliebe den Baeckeofe. Allzugerne hätte ich die honigfarbene Terrine, in der diese Spezialität serviert wurde, mitgenommen. Dann entdeckte ich eines Tages eine solche Form bei einem Antiquitätenhändler. Er fand sie aber viel zu groß für mich und schickte mich nach Soufflenheim, wo in praktisch jedem Haus ein Töpfer wohnt. Nach alten Mustern werden dort Terrinen, Kugelhopf- und andere Kuchenformen hergestellt, wie sie im Elsaß vor allem früher benutzt wurden und heute meistens nur noch als Dekoration dienen. Gebacken wird deshalb aber nicht weniger. Da gibt es zum Beispiel den Flammeküeche, ein flacher Kuchen, der nicht etwa flambiert wird, sondern seinen Namen den Flammen des Holzbackofens verdankt, dazu unzählige Küchlein wie die Schenkele, Jungfraukiechla mit Orangenwasserteig und Bretzels.
Besondere Käsesorten hat das Elsaß kaum, außer dem weithin bekannten Münster, der in ganz Ostfrankreich verbreitet ist.

Seine Herstellung geht auf alte Zeiten zurück. Man sagt, daß er von deutschen Mönchen in Klöstern des Münstertals erfunden wurde. Er hat ein starkes Aroma, das sich sehr gut mit Kümmel verträgt.
Elsässer Weißweine sind sehr beliebt. Es sind dies vor allem die „appellations contrôlées“ wie der Pinot gris, im Elsaß auch Tokay genannt, der Klevner, Sylvaner, Muscat, Gewürztraminer, Riesling und Gutedel. Dann gibt es noch einfachen Landwein, zum Beispiel den Knipperlé, den Goldriesling und einen Roséwein aus Pinottrauben, der besonders gut zum Sauerkraut paßt. Der Edelzwicker besteht aus einer Mischung von verschiedenen edlen Rebensorten.

Das Elsaß ist aber auch bekannt für sein Bier, das gerne zu den deftigen Spezialitäten und dem Münsterkäse getrunken wird. Hochwertig sind auch die Obstbranntweine aus verschiedenen Früchten und Beeren wie Himbeeren, Quitten, Mirabellen oder den „alises“, den Früchten der Eberesche.
In Lothringen findet man ähnliche Gerichte wie im Elsaß, nur sind sie deftiger, etwas langweiliger und weniger typisch. Kulinarisch gesehen ist nicht die Hauptstadt Metz am interessantesten, sondern Lunéville, wo sich Stanislas Leszczyński, polnischer König und Schwiegervater von Ludwig XV. im 18. Jahrhundert niederließ. Er wird als Feinschmecker verehrt und kochte

Kurze Pause für ein einfaches, aber habhaftes Vesper mit Brot, Kartoffeln und Käse.

Monatelang stecken die Champagnerflaschen in den sogenannten Rüttelpulten, wo sie immer wieder von Hand mit einem kleinen Ruck gedreht werden müssen, damit sich das Depot von der Flaschenwand löst, nach und nach in Richtung Korken wandert, um beim Degorgieren dann entfernt werden zu können.

auch selbst. So wird ihm unter anderem die Erfindung des „baba“ zugeschrieben, einem mit Rum getränktem Hefering.
Lothringen verdanken wir die „quiche lorraine“, ein Speckkuchen mit Zwiebeln und Eierguß, von dem es unzählige Varianten gibt. Nicht zu verwechseln mit der „tourte lorraine“, einer Blätterteigtorte, gefüllt mit mariniertem Kaninchen- und Kalbfleisch. Unbedingt erwähnenswert sind außerdem die Gerichte aus Flußfischen, wie Hecht „en matelote“, Barsche in Weißweinsud und die Forellenterrine.
Weitere typische Spezialitäten sind ein nahrhafter Eintopf, die „potée lorraine“, gespickter Kalbsbraten, verschiedene Lauchgerichte, Schaffleischsuppe und das Sauerkraut, einfacher garniert mit gepökeltem Speck, „saucisson lorrain“ und Kartoffeln. Das Besondere an diesem Gericht ist, daß es vor dem Anrichten mit sehr viel Butter verfeinert wird. Und man liebt hier Süßes. Verschiedene Konfitüren und Fruchtkonserven haben sich einen Namen gemacht. Dasselbe gilt für einiges Gebäck wie die „madeleines de Commercy“ und die „macarons de Lunéville“.
Weine gibt es in dieser Gegend nur sehr wenige, und zwar aus dem Moselgebiet und aus der Nähe von Toul. Es sind vor allem helle Rotweine, die Vins gris. Sie werden jung getrunken. Man spricht ansonsten eher dem ausgezeichneten Bier zu und auch der Kirsch des Val d'Ajol und der einheimische Heidelbeerlikör sind nicht zu verachten.
Die Champagne sei blond, schrieb Austin de Croze, ein französischer Gastrosoph. Sie sei goldfarben wie das Band im Wappen von Reims, der Weizen aus Brie, das Bier aus den Ardennen und der „cidre“, der Apfelwein, von Thiérarche. Die kulinarisch interessanteste Stadt ist ohne Zweifel Sainte-Menehould. Unzählige Spezialitäten tragen diesen Namen: Schweins- und Kalbsfüße, Kalbskopf, Ochsenschwanz, Schafshälse sowie panierter Rochen mit Kapernsauce. Wie in Lothringen gibt es auch in der Champagne einige bekannte Fischgerichte, außerdem Schinken im Blätterteig, gefüllte Gans und einige neukreierte Gerichte, die mit Champagner zubereitet werden.
Der Champagne zugeschriebene Käse sind der Langres, der rassige Chaource und der weltweit bekannte Brie.

Nicht zuletzt steht die Champagne natürlich für den Champagner. Das günstige, milde Klima der Gegend und der Kreideboden, in den tiefe Keller gegraben wurden, tragen zum Gelingen des berühmten Schaumweins bei. Der Champagner nach „méthode champenoise" wird von Hand gerüttelt und stammt zu einem guten Teil von Pinot noir-Trauben, aus denen der Blanc de noir gekeltert wird, und von Chardonnaytrauben für den sogenannten Blanc de Blancs. Champagner entsteht durch Mischung von verschiedenen Traubensorten, die von den berühmten Kellereien geheimgehalten werden. In drei Regionen wird Champagner produziert: Montagne de Reims, Vallée de la Marne und Côte des Blancs. Aber anders als bei den Weinen ist beim Champagner der Markenname wichtiger als die Herkunft, obwohl es auch bekannte Spezialitäten aus Avize, Ay, Cramant und Mailly gibt. Champagner gibt es auch rosé und „nature", also als „stillen" Wein. Bekannt ist auch der Bouzy, ein roter Champagner.

Fünf Palais und eine Unzahl bis ins kleinste Detail verzierter Laternen, Brunnen, vergoldete Gitter und Portale umsäumen den Place Stanislas im lothringischen Nancy.

Die Hauptstadt kulinarisch

Die Métro nahm im Jahr 1900 ihren Betrieb auf und ist heute immer noch die schnellste Fortbewegungsart durch die Stadt an der Seine.

Ile-de-France

Die Ile-de-France war früher der Gemüsegarten Frankreichs. Inzwischen sind die Kulturen zum großen Teil von der wachsenden Hauptstadt verdrängt worden. Nur die Namen der ehemaligen Gemüsehochburgen unter den Vororten leben noch auf den Menükarten der klassischen Küche weiter.

Paris ist der Schmelztiegel aller regionalen Spezialitäten. Viele Bistros dieser Stadt wurden von Köchen gegründet, die aus den verschiedensten Gegenden Frankreichs kamen und ihre typischen Gerichte mitbrachten. Damit schufen sie ein vielfältiges und interessantes Gegengewicht zur klassischen französischen Küche. So gibt es keine eigentliche Pariser Küche, außer einigen Spezialitäten, die sich im Lauf der Jahre eingebürgert haben, wie zum Beispiel der „bœuf à la mode“, ein Rinderschmorbraten, oder die selten gewordenen „pommes de terre soufflées“, die ich erstmals in Paris gegessen habe. Ich versuchte, sie zu Hause nachzukochen, was nicht ganz einfach ist. Man erzählt, daß sie anläßlich der Einweihung der Bahnlinie Paris-Saint-Germain durch Zufall entstanden seien. Wie man sagt, gab der Koch die Kartoffelscheiben voreilig in das heiße Öl, nahm sie wieder heraus und tauchte sie, als Louis-Philippe und die Königin Amélie endlich ankamen, erneut hinein. Zum Erstaunen aller entstanden dabei aus den Scheiben schöne aufgeblasene, kleine Kissen.

Typisch pariserisch sind aber auch die sogenannten Conciergegerichte. Früher gab es praktisch in jedem Pariser Mietshaus eine Concierge, die im Erdgeschoß wohnte und immer ein Auge darauf hatte, wer aus- und einging. Deshalb mußten ihre Mahlzeiten weitgehend unbeaufsichtigt garen. Wir verdanken ihnen viele feine Schmorgerichte, Suppen und Gratins, deren herrliche Düfte zur Essenszeit die Treppenhäuser durchzogen. Da gab es zum Beispiel den „miroton“, das Siedfleisch mit Butter und Zwiebeln, oder auch das „hachis Parmentier“, Kartoffelpüree mit Hackfleisch, als Gratin überbacken.

Einen großen Namen haben sich auch die Pariser Bäcker mit der Brioche und den Croissants gemacht. Letztere, so sagt man, kamen allerdings aus Budapest nach Paris. Die Türken hätten dort 1686 bei der Belagerung der

Jedes der alten Pariser Viertel ist eine Welt für sich. Man kennt sich und trifft sich in den kleinen Bars auf einen „petit rouge“ oder einen Café, um Neuigkeiten auszutauschen.

Hier findet man die ganze Fülle dessen, was das Land an guten Produkten hervorbringt, auf den vielen Märkten wieder. Und eine gehörige Portion Atmosphäre gibt's gratis dazu.

Die Kellner der Brasserie Lipp auf dem Boulevard Saint-Germain spielen ihre Rolle so vollendet gekonnt wie Schauspieler. Die Küche ist schlicht, das Publikum aber zeitweise durchaus prominent.

Stadt unterirdische Gänge gegraben, um hineinzukommen. Die Bäcker, die nachts ihr Brot buken, hörten den Lärm und gaben Alarm. Aus Dankbarkeit wurde ihnen erlaubt ein Spezialgebäck herzustellen, das an die türkische Flagge erinnert. So die Überlieferung. Die Pariser Bäcker machten lange Zeit angeblich auch das beste Brot. Im 18. Jahrhundert wurde es zur „baguette“ geformt. Seitdem gibt es diese feine, knusprige Weißbrotstange in ganz Frankreich.

Die Hauptstadt ist auch heute noch bekannt für ihre vorzüglichen Zuckerbäcker. Da gibt es zum Beispiel den „opéra“. Ich kaufte diesen rechteckigen Kuchen bei Fauchon in Paris und begegnete ihm wieder bei Tee und Pâtisserie im Ritz. Er besteht aus mehreren Lagen Biskuit, gefüllt mit Kaffeebuttercreme und überzogen mit Schokoladenglasur. Wie bei der Wiener Sachertorte erheben auch bei dieser Spezialität mehrere Parteien den Anspruch, ihn nach dem einzig echten Rezept herzustellen.

„Saint-Honoré“ ist ein Kuchen, der von einem Konditor namens Chiboust kreiert worden sein soll, der in der Rue Saint-Honoré wohnte. Die Füllung trägt seither seinen Namen. Saint Honoré ist übrigens auch der Schutzheilige der französischen Bäcker.

Eine andere bekannte Spezialität aus der Ile-de-France ist der grobkörnige Senf, zum Beispiel der „moutarde de Meaux“. Heute hat Dijon, was den Senf betrifft, das größere Renommee, in Paris gab es im 13. Jahrhundert aber schon zehn „moutardiers“. In Meaux waren es die Mönche, die ihn nach einem geheimen Rezept herstellten. Mitte des 18. Jahrhunderts soll es dann an J. B. Pommery verraten worden sein. Seine Nachkommen machten dann diesen Senf erst bekannt. Allerdings verflachte sich die Qualität mit der Zeit und erst 1949 griff man wieder auf das ursprüngliche Rezept zurück und stellte den Senf wieder so her, wie wir ihn heute kennen.

Der Ile-de-France verdanken wir auch sehr gutes Geflügel, aus Houdan und dem Gâtinais, sowie hervorragendes Lamm, Rind, den Jambon de Paris, ein milder gekochter Schinken, sowie Essig aus Lagny, „cidre“, den Apfelwein aus Brie und den weltbekannten Grand Marnier. Dieser Orangenlikör ist eine Kreation einer kleinen Destillerie namens Lapostolle, die sich 1827 in Neauphle-le-

Allein in Paris und Umgebung gibt es über 10 000 Restaurants, Brasserien und Bistros, möchte man den kulinarischen Führern durch die Hauptstadt Glauben schenken. Der Gast hat die Qual der Wahl. Oder, besser noch, er verläßt sich auf eine gute Empfehlung.

Château niedergelassen hatte. Als gegen Ende des Jahrhunderts Liköre in Mode kamen, experimentierte auch Louis Alexandre Marnier-Lapostolle mit verschiedenen Ingredienzien und so entstand aus Cognac, Bitterorangen und einigen anderen Zutaten der Grand Marnier, damals ein ausgesprochener Damenlikör.

Was man zu wenig weiß, ist, daß der Brie aus der Ile-de-France stammt. Man sagt, daß bereits Karl der Große sich daran erfreute. Jedenfalls gibt es in dieser Gegend viele Briesorten, die einen Ortsnamen tragen, so zum Beispiel der Brie de Melun, der Brie de Montereaux und der Brie de Nagis. Am bekanntesten ist der Brie de Meaux, der heute auch in der Champagne hergestellt wird. Hervorragend sind auch der Coulommiers, den es ebenfalls in etlichen Variationen gibt, sowie der Explorateur und der Boursault, die mit viel Sahne hergestellt werden.

In-der-Ile de France gab es in früheren Zeiten einige Rebhänge, die zum Teil noch erhalten sind. Eine heute noch zu besichtigende Kuriosität ist der Weinberg auf dem Montmartre in Paris, der von einer speziellen Zunft gehegt und gepflegt wird.

Das Mekka der Schlemmer

Starportrait eines echten Bresse-Gockels, Herr über eine Schar zweifellos glücklicher Hennen. Denn eine „poularde de Bresse“ hat den größten Teil ihres Lebens freien Auslauf in schönster Umgebung, und das bei bestem Futter.

Franche-Comté, Burgund und Lyonnais

Früher, als es die Autobahn bis ins Burgund noch nicht gab, fuhr man gemütlich über den Jura und die Senfmetropole Dijon oder auf Umwegen durch die Bresse und das Bugey über Berg und Tal nach Lyon. Zur Tradition wurde für mich ein Halt im Hotel de Paris in Arbois, wo uns der liebenswürdige André Jeunet und seine Frau mit der typischen Küche der Franche-Comté verwöhnten. Wir wollten seinen „coq au vin jaune“ und die delikaten Fischgerichte auf keinen Fall auslassen. Denn wie viele Köche der Gegend ließ er sich vom Fischreichtum des nahen Doubs und den anderen Flüssen inspirieren. Nun hat sein Sohn das Haus übernommen. Die beliebten Spezialitäten seines Vaters aber stehen heute noch auf der Karte. Als Proviant für die nächste Etappe kauften wir die pikante „saucisse de Morteau“, eine Dauerwurst, die mit Wachholder- und Tannenholz geräuchert wird. Von der Bevölkerung wird sie liebevoll „Jésus“ genannt – sie sei eben so gut wie er. Übrigens kann man in Arbois auch das Haus, in dem Louis Pasteur seine Jugend verbrachte und den Weinberg, der seinen Experimenten diente, besichtigen.
Auch Käsegerichte werden in der Franche-Comté großgeschrieben. Kein Wunder, denn von dort kommt der Comté. Ganz hervorragend schmeckt auch der Vacherin Mont d'Or aus Rohmilch.
Eine gewisse Bedeutung haben auch die Weine des Jura. Allen voran der Vin jaune, der jahrelang in sehr alten Eichenfässern gereift wird. Je älter die Fässer, desto besser die Qualität.
Von Arbois führen viele Wege nach Lyon. In der Bresse kann man die Höfe besichtigen, wo das weltbekannte Geflügel aufgezogen wird. Die Poularden werden als Küken zuerst mit Mais gefüttert und dürfen dann schon bald ihr Futter im Freien selber suchen, bevor sie zuletzt noch kurze Zeit gemästet werden, damit ihr Fleisch den vollen Geschmack bekommt.
Wählt man den Weg über das Bugey, kommt man in eine kulinarisch besonders üppige Gegend, wo weder mit Butter noch mit Sahne gespart wird. In Nantua, dessen Namen in der klassischen französischen Küche mit einer Krebssauce verewigt wurde, kann man die sagenhaften „quenelles de brochet“, Hecht-

klößchen, „à la Nantua“ genießen. Die gleiche Sauce wird auch zu Froschschenkeln, Krebsen und Süßwasserfischen gereicht.
Eine weitere kulinarische Hochburg der Region ist das Städtchen Belley, wo der Autor der „Physiologie des Geschmacks“, der berühmte Anthelme Brillat-Savarin, geboren wurde. Er hat auch dort unzählige Rezepte hinterlassen, auf die man heute noch stolz ist. Zum Teil sind sie sehr aufwendig und haben eigenartige Titel wie „Kopfkissen der schönen Aurora“ oder „Hut des M. Gabriel Cortois de Quinsay“.
Nach Ansicht der Lyoner ist ihre Küche die beste Frankreichs. Darüber kann man geteilter Meinung sein. Eines ist aber sicher. Sie hat große Köche und Köchinnen, sogenannte „mères“, hervorgebracht. Für mich liegt der Vorzug dieser Küche darin, daß die Einheimischen von Dijon über Lyon bis ins Beaujolais ihre regionalen Spezialitäten pflegen und lieben, und sogar in den Städten die beliebtesten Restaurants aussehen wie anno dazumal, das heißt gemütlich und umkompliziert. Ein gutes Beispiel dafür ist der weltbekannte Paul Bocuse. Er ist ein typisches Kind seiner Gegend geblieben und ließ sich von neuen kulinarischen Wellen nie wirklich beeindrucken, was viele

Begehrt bei Feinschmeckern in aller Welt ist das Fleisch der Charolais-Rinder. So werden die creme-weißen Prachtexemplare auch an diesem Tag einen guten Preis erzielen.

Nächste Doppelseite: Die von Rebstöcken durchzogenen, idyllischen Landschaften des Burgunds könnten heute auch ganz anders aussehen, denn auch diese Weinregion wurde im letzten Jahrhundert von der Reblaus schwer heimgesucht.

In aller Seelenruhe können die Verkäufer dieser Metzgerei im Quartier Latin in Paris auf ihre anspruchsvolle Kundschaft warten. Schließlich wissen sie, daß sie nur das Feinste vom Feinen im Angebot haben.

nicht wissen oder wahrhaben wollen. Am liebsten ißt er die deftigen „mâchons“ und rustikalen Gerichte des Burgunds und trinkt dazu einen frischen Beaujolais. Ein „coq au vin“ oder eine Blutwurst behagen ihm mehr als Kaviar oder andere raffinierte Delikatessen. Kein Wunder, denn die Gegend bietet hervorragende Produkte. Von den besten Wurstwaren, dem hervorragenden Rindfleisch aus dem Charolais sowie den Flußfischen und Schnecken bis hin zu hochwertigen Gemüsen und Früchten.

Nicht minder erwähnenswert sind die Käse der Umgebung. Am bekanntesten sind wohl der rassige Epoisses, der Bleu de Bresse und die kleinen Ziegenkäse. Man erkennt sie am kleinen Hölzchen, das zum Anfassen dient.

Auch was die Weine betrifft, liegt Lyon dem Beaujolais und dem Burgund sehr nahe. So pflegte Léon Daudet zu sagen, Lyon sei von drei Flüssen umspült, der Rhône, der Saône und dem Beaujolais. Es würde hier zu weit führen, alle Weine der Gegend aufzuführen. Dafür gibt es genügend Fachliteratur. Erwähnen möchte ich nur, daß es im Beaujolais folgende Appellationen gibt: Beaujolais-Villages, Juliénas, Chiroubles, Morgon, St. Amour, Chènas, Moulin-à-Vent, Fleurie, Brouilly und Regnié. Bei den Burgunderweinen möchte ich mich auf die Nennung der Anbaugebiete beschränken: Chablis, Côte de Nuits, Côte d'Or, Côte de Beaune und die angrenzende Côte Chalonnaise. Am Ende dieser Reise durch die Provinzen möchte ich Ihnen mit einer kleinen Begebenheit zeigen, daß auch in Frankreich traditionelle Regeln keine unumstößlichen Gesetze sind und letztlich immer der persönliche Geschmack entscheidet. Anläßlich meines ersten Besuchs bei Bocuse vor vielen Jahren, machte er mit mir und Monsieur Tête, einem Weinspezialisten aus Beaujeu, ein Experiment. Er servierte zum „loup en croûte“, seinem legendären Wolfsbarsch in Blätterteig, einen sehr jungen Beaujolais. Als ich die Flasche etwas skeptisch betrachtete, weil ich damals noch der Meinung war, daß man zu Fisch Weißwein trinken müsse, verband er mir die Augen und gab mir abwechselnd Weißwein aus Mâcon und den eben erwähnten Rotwein. Und ich mußte einsehen, daß beide ausgezeichnet zum „loup de mer“ paßten.

Boeuf
Côte
Le kg
Porc fermier Breton
Côtes
Le kg
Boeuf
Rumsteck
Le kg
Poularde de Bresse
Le kg
VOLAILLE D'APPELLATION D'ORIGINE
BRESSE
LEGALEMENT CONTROLEE

VORSPEISEN, SUPPEN UND BEILAGEN

Schinkensülze

Für 6 Personen

1 Stück roher Bauernschinken von etwa 1,2 kg
700 ml Weißwein (Mâcon oder Pouilly-Fuissé)
1 Zwiebel, gespickt mit
1 Lorbeerblatt und
1 Gewürznelke
2 Kalbsfüße
500 g Kalbsknochen
5 Pfefferkörner
3 Korianderkapseln
Salz, Pfeffer
etwas frisch gehackte Kräuter (Thymian, Kerbel, Estragon)
1 feingehacktes Salbeiblatt
100 g kleingeschnittener Lauch
½ gewürfelte Sellerieknolle
2 gewürfelte Karotten
1 Eiweiß
150 g feingehackte Schalotten
1 feingehackte Knoblauchzehe
5 EL gehackte Petersilie
2 EL Butter

Tip:
Das Gericht ist im Kühlschrank fünf bis sechs Tage haltbar.

Weinempfehlung:
Weißer Burgunder, z.B. Pouilly-Fuissé oder Mâcon

Jambon persillé

Den Schinken 12 Stunden wässern, dann mit viel Wasser aufkochen und abgießen. 1½ Liter frisches Wasser mit dem Weißwein, der Zwiebel, den Kalbsfüßen, den Kalbsknochen und allen Gewürzen und Kräutern ½ Stunde kochen. Den Schinken beifügen. Auf kleinem Feuer etwa 1¼ Stunden ziehen lassen. Den Schinken herausnehmen, den Sud stark aufkochen lassen. Den Lauch, den Sellerie, die Karotten und das Eiweiß zum Klären beifügen. Nach zwei- bis dreimaligem Aufwallen das Feuer kleinstellen. Das Gemüse und den Schaum sorgfältig abschöpfen. Den Schinken wieder zugeben und nochmals 30 Minuten ganz leise ziehen lassen. Den Schinken im Sud erkalten lassen. Die Schalotten, den Knoblauch und die Petersilie 3 Minuten in der Butter anziehen lassen und beiseite stellen. Vom Schinken die Schwarte abziehen. 800 g Schinken ohne Fett in 1 cm große Würfelchen schneiden. Das Fleisch der Kalbsfüße kleinschneiden und daruntermischen. Lagenweise mit der Schalottenmischung in eine Terrine oder tiefe Schüssel einfüllen. Ein Küchentuch naß machen, auswringen und in ein Salatsieb legen. Den Sud durchpassieren. Die Terrine damit langsam auffüllen. Zugedeckt im Kühlschrank 4 bis 6 Stunden erstarren lassen. In der Terrine servieren oder stürzen. Dazu paßt Baguette mit Butter.

In der Region zwischen dem Nivernais, dem Burgund und dem Morvan gibt es ausgezeichneten Schinken. So fehlt diese beliebte Vorspeise in keinem Bistro von Lyon und man begegnet ihr auch in fast allen Restaurants des Burgunds. Von den Einheimischen wird der Jambon persillé gerne als Vesper, in Lyon „mâchon" genannt, zusammen mit knusprigem Landbrot und einem Glas Weiß- oder Rotwein serviert.
Will man den Aufwand für die Zubereitung etwas geringer halten, kann man auch bereits gekochten Schinken würfeln, mit der Mischung aus Schalotten, Knoblauch und Petersilie in eine Terrine füllen, Fertigsülze nach Anweisung zubereiten, dabei die Hälfte der angegebenen Wassermenge durch Weißwein oder Portwein ersetzen, und über den Schinken gießen.

Kartoffelsalat nach Art der Champagne

400 g mittelgroße Kartoffeln
Salz
250 g Löwenzahn, Frisée oder Schnittsalat
Pfeffer
150 g Magerspeck
50 g Schweineschmalz
3 EL Weinessig
2 EL Marc de Champagne

Tip:
In der Champagne wird für dieses Gericht ein irdener Topf verwendet, der früher in der heißen Asche einer Feuerstelle erwärmt wurde. Bei uns kann man die Salatschüssel mit heißem Wasser vorwärmen.

Weinempfehlung:
Stiller, trockener Wein, z.B. Bouzy, oder einen Rosé-Champagner

Salade champenoise au lard
Die Kartoffeln in der Schale in leicht gesalzenem Wasser kochen. Den Löwenzahn oder anderen Blattsalat putzen, waschen und sehr gut schleudern. Er sollte praktisch trocken sein. Eine, wenn möglich, irdene Schüssel vorwärmen. Die Kartoffeln noch warm schälen, in feine Scheiben schneiden und in die vorgewärmte Schüssel geben. Den Salat dazugeben. Wenig Salz und viel Pfeffer darüberstreuen. Mit einem passenden Teller oder Deckel zudecken und etwa 20 Minuten an einen warmen Ort oder in den auf 60 °C aufgeheizten Backofen stellen. Inzwischen den Speck von der Schwarte befreien und in dünne, längliche Streifen schneiden. Etwas Wasser zum Kochen bringen, die Speckstreifen hineingeben, nochmals aufkochen lassen und abgießen. Die Speckstreifen im Schweineschmalz anziehen lassen. Sie dürfen leicht Farbe annehmen, sollen aber nicht trocken werden. Den Speck samt dem Schmalz auf den Salat geben. Den Bratenfond des Specks mit dem Essig ablöschen, aufkochen und den Marc zufügen, dann über den Salat gießen und das Ganze etwa 5 Minuten sehr gut vermengen. Sofort servieren.

Dieses Winzergericht wird in der Champagne als Hauptgericht serviert. Bei uns eventuell als Vorspeise in kleinerer Menge ohne jede Beilage, nicht einmal mit Brot, was für Einheimische einen Stilbruch darstellen würde. Champagner wird man in den echten regionalen Spezialitäten der Champagne vergeblich suchen. Die Küche dieser Gegend ist sehr rustikal, man verwendet bestenfalls etwas Marc. Der Champagner wird hingegen dazu getrunken. Er steht meistens im Gegensatz zu den typischen Gerichten, schmeckt aber köstlich dazu. Natürlich gibt es auch Ausnahmen, vor allem in den guten Restaurants. Dort werden Saucen zu Fisch, zum Beispiel Hecht, Barsch oder eine „matelote“, ebenfalls ein Fischgericht, mit Champagner zubereitet. Dann hat natürlich auch die Champagne ihren „coq au vin“, der sowohl mit Rotwein aus der Gegend wie auch mit Champagner zubereitet wird.

Salat mit Roquefort
Gekochte Artischocken

SALAT MIT ROQUEFORT
1 Kopf Blattsalat der Saison
3 Scheiben Weißbrot (à etwa 80 g)
1 EL Butter
1 Knoblauchzehe
2 EL kaltgepreßtes Olivenöl
2 TL Zitronensaft
1 TL scharfer Senf, zum Beispiel Dijon-Senf
120 ml süße Sahne
40 g Roquefort
2 Sardellenfilets
Salz
Pfeffer
1 TL gehackte Petersilie
100 g Walnußkerne

GEKOCHTE ARTISCHOCKEN
4 große Artischocken, möglichst bretonische
½ Zitrone
Salz
Für die Vinaigrette:
1 EL Schalotten- oder Rotweinessig
Salz, Pfeffer aus der Mühle
1 EL scharfer Senf, zum Beispiel Dijon-Senf
4 EL kaltgepreßtes Olivenöl
1 EL gehackter Kerbel

Weinempfehlung:
Weißer Graves

SALAT MIT ROQUEFORT
Salade au Roquefort
Die Salatblätter waschen, abtropfen lassen und gut schleudern, damit kein Wasser zurückbleibt. Das Weißbrot in kleine Würfel schneiden. In der Butter rundum hellbraun rösten. Mit dem durchgepreßten Knoblauch beträufeln. Das Olivenöl, den Zitronensaft, den Senf und die Sahne gut verrühren. Den Roquefort mit einer Gabel zerdrücken, die Sardellenfilets fein hacken. Mit der Sauce vermengen und nach Bedarf mit Salz und viel Pfeffer nachwürzen. Die Salatblätter in eine Schüssel geben. Die Sauce darübergießen. Sehr gut mischen. Mit der Petersilie, den grobgehackten Walnußkernen und den vorbereiteten Knoblauchcroûtons bestreuen. Sofort servieren.

Man sagt, daß der Roquefort durch Zufall entstanden sei. Ein junger Hirt, so die Legende, habe an einem Frühjahrsmorgen ein schönes Mädchen vorbeigehen sehen. Er sei ihr entzückt gefolgt und habe sein hartes Brot in seiner Schafsmilch stehenlassen. Daraus sei, mit Hilfe des Windes, der blau geäderte Roquefort entstanden.

GEKOCHTE ARTISCHOCKEN
Artichauts à la vinaigrette
Das obere Drittel der Artischocken mit einem scharfen Messer abschneiden. Die Stiele abbrechen. Die Schnittfläche sofort mit der Zitronenhälfte abreiben. Die Artischocken in einen hohen Topf geben, mit leicht gesalzenem Wasser bedecken und 25 bis 35 Minuten kochen. Sie sind gar, wenn die Blätter mühelos herausgezogen werden können. Im Sud erkalten lassen.
Für die Vinaigrette: Den Essig mit etwas Salz und Pfeffer verrühren. Den Senf, das Olivenöl und den Kerbel beigeben und bei Küchentemperatur stehen lassen.
Die Artischocken abgießen, gut abtropfen lassen und lauwarm servieren. Die Vinaigrette dazureichen. Fingerschalen nicht vergessen.
Die Blätter herauszupfen, in die Vinaigrette tunken und das Fleisch zwischen den Zähnen herausstreifen. Zum Schluß das sogenannte Heu herauszupfen, den Artischockenboden kleinschneiden und mit Vinaigrette begießen.

Bauernterrine

Für 6 Personen

3 EL gehacktes Basilikum
1 EL Olivenöl
2 EL Marc oder Cognac
250 g mageres Hackfleisch vom Schwein
250 g Hackfleisch vom Kalb oder Geflügel
Salz
schwarzer Pfeffer aus der Mühle
¼ TL gemahlener Koriander
1 Messerspitze gemahlener Piment (Nelkenpfeffer)
1 große, feingehackte Zwiebel
1 EL Butter
100 g Kalbs- oder Geflügelleber
100 g in sehr dünne Scheiben geschnittener Magerspeck
2 Lorbeerblätter

Weinempfehlung:
Roter Landwein aus dem Burgund oder Beaujolais

Terrine de porc
Etwa 1 Eßlöffel Basilikum mit dem Olivenöl und dem Marc oder dem Cognac mischen. Gut mit dem gehackten Fleisch vermengen. Etwa 2 Stunden im Kühlschrank ziehen lassen. Die Fleischmasse mit Salz, Pfeffer, dem Koriander und dem Piment würzen. Die Zwiebel in der Butter 5 Minuten dünsten. Unter das Fleisch mischen. Die Leber in kleine Stücke schneiden. Die Terrine mit den Speckscheiben auslegen. Die Hälfte des Hackfleisches hineingeben. Die Leber darauf verteilen. Mit dem restlichen Basilikum bestreuen. Das restliche Fleisch einfüllen. Die Lorbeerblätter darauflegen. Mit dem Speck abdecken. Den Deckel aufsetzen. Die Terrine in Aluminiumfolie locker einpacken, aber gut verschließen. Oben in der Mitte ein kleines Loch anbringen. In eine halbhoch mit heißem Wasser gefüllte Auflaufform stellen. Im Ofen bei 160 °C etwa 1¾ Stunden garen. Wasser nicht kochen, sondern nur leise ziehen lassen.
Im Wasserbad auskühlen lassen. Den Deckel abnehmen. Mit einem kleinen Brettchen beschweren, damit sie sich nicht wölbt. Das überschüssige Fett entfernen.

Die Terrinen verdanken ihren Namen dem Gefäß, in dem sie zubereitet werden, das heißt einer Keramik- oder Porzellanform mit gutsitzendem Deckel, der mit einem Dampfloch versehen ist. Für dieses Buch habe ich eine Terrine aus Schweinefleisch ausgesucht, wie ich sie im Burgund schon oft gegessen habe. Allerdings habe ich den grünen, sehr fetten Speck durch Magerspeck ersetzt, was dem Geschmack keinen Abbruch tut und unseren heutigen Vorstellungen besser entspricht. Am besten gelingt die Terrine, wenn man sie wie früher mit Brotteig verklebt, bevor sie im Wasserbad gegart wird. Ein einfaches Teiglein aus Mehl und Wasser erfüllt den Zweck auch. Auf jeden Fall sollte man sie im Gefäß auf den Tisch bringen und nicht einfach in Scheiben servieren, wie man es heute sehr oft macht. Dazu gehört nicht etwa Toast, sondern ein gutes, knuspriges Brot und, nach Belieben, Cornichons und Perlzwiebeln.

Zwiebelkuchen nach Art von Nizza

Für 6 Personen

Für den Teig:
25 g Hefe
1 TL Zucker
250 g Mehl
Salz
2–3 EL Olivenöl

Für den Belag:
1 kg in Streifen geschnittene Zwiebeln
3 EL Olivenöl
1 TL Essig
1 Lorbeerblatt
1 Gewürznelke
Salz
½ TL körnig gemahlener, schwarzer Pfeffer
Olivenöl für das Blech
2 Eier
120 ml süße Sahne
4 gehackte Sardellenfilets
170 g geschälte, gewürfelte Tomaten
8 Sardellenfilets
50 g schwarze Oliven
1 EL in Flocken geschnittene Butter

Tip:
Die Pissaladiera kann auch ohne Eier und Sahne zubereitet werden, was am ehesten dem klassischen Rezept aus Nizza nahekommt.

Weinempfehlung:
Tibouren oder anderer Rosé de Provence

Pissaladiera à la tomate
Für den Teig: Die Hefe mit dem Zucker und 3 Eßlöffel Wasser verrühren. Etwa 15 Minuten ruhen lassen. Das Mehl, Salz, etwa ⅛ Liter Wasser, die aufgelöste Hefe und das Öl rasch zu einem glatten Teig kneten. Zu einer Kugel formen und bei Küchentemperatur 20 Minuten gehen lassen.
Für den Belag: Die Zwiebeln in 3 Eßlöffel Olivenöl 5 Minuten dünsten. Den Essig, das Lorbeerblatt und die Gewürznelke beifügen. Zudecken und 15 Minuten schmoren lassen. Nach und nach 2 bis 3 Eßlöffel Wasser beigeben. Den Deckel abnehmen und 10 Minuten weiterdünsten, bis alle Flüssigkeit verdampft ist. Mit Salz und dem Pfeffer würzen.
Ein rechteckiges Backblech mit Öl bestreichen, mit dem Teig belegen, dabei einen Rand von 3 cm hochziehen. Den Teigboden mit einer Gabel mehrmals einstechen. Die Eier und die Sahne gut verquirlen. Das Lorbeerblatt und die Nelke aus der kalten Zwiebelfüllung entfernen und diese mit den gehackten Sardellen mischen und in die Eiermischung rühren. Auf den Kuchenboden verteilen. Die Tomatenwürfel mit Salz und Pfeffer würzen und in Form von kleinen Häufchen auf die Zwiebeln verteilen. Die Sardellenfilets und die Oliven dekorativ auf der Füllung anordnen. Die Butterflocken darauf verteilen und im vorgeheizten Backofen etwa 50 Minuten bei 220 °C backen.

Die Pissaladiera ist eine typische Spezialität aus der Küche von Nizza. Das Comté de Nice war lange Zeit unabhängig von Frankreich. Deshalb wollen die Bewohner von Nizza nicht, daß man ihre Gerichte mit denen aus der Provence verwechselt. Die Pissaladiera verdankt ihren Namen dem „pissalat", einer Fischwürze, die an das Garum der alten Römer erinnert. Winzig kleine Sardellen und Sardinen wurden mit Salz und Kräutern einen Monat lang eingelegt und jeden Tag umgerührt. Mit dieser Lake sollte der Teigboden vor dem Belegen eingestrichen werden, das würde dem Fladen den unverwechselbaren Geschmack geben. Heute behilft man sich mit Sardellenfilets, die als Garnitur verwendet werden.

Terrine nach Art von Uzès

30 kleine, zarte Lauchstengel
Salz
6 Artischocken, möglichst die kleinen violetten aus der Provence
Saft von 1 Zitrone
Salz
1 Bund Schnittlauch
4 EL gehackte flachblättrige Petersilie
1 ½ EL gehackter Kerbel
Pfeffer
6–7 Blatt Gelatine
1,2 Liter konzentrierte, fettfreie Fleischbrühe

Weinempfehlung:
Weißer Côtes du Rhône, z.B. Viognier oder Châteauneuf-du-Pape

Terrine de poireaux aux artichauts violets

Die Lauchstengel putzen und in kochendem Salzwasser knapp garen. Dann sofort in eiskaltem Wasser abkühlen, damit die grüne Farbe erhalten bleibt. Den Lauch abgießen und auf ein mit einem Tuch belegtes Tablett geben. Bis zur Weiterverarbeitung in den Kühlschrank stellen. Die Artischocken von den harten Blättern befreien, dann längs in dünne Scheiben schneiden. Sofort mit dem Zitronensaft bestreichen, dann ebenfalls in Salzwasser kochen, bis sie knapp weich sind. Bei Verwendung von großen Artischocken nur die Böden garen und in Scheiben schneiden. Den Schnittlauch kleinschneiden und mit der Petersilie und dem Kerbel mischen. Mit Salz und Pfeffer würzen. Die Gelatine in kaltes Wasser legen. Die Fleischbrühe auf die Hälfte einkochen. Die Gelatine ausdrücken und in der heißen Brühe auflösen. Die Kräuter zufügen. Die Hälfte der Brühe in eine rechteckige Terrine oder Kuchenform gießen. Lagenweise Lauch- und Artischocken einfüllen. Die restliche Brühe darüber verteilen. Den Inhalt der Form mit einer Klarsichtfolie belegen und beschweren. Im Kühlschrank aufbewahren. Am nächsten Tag mit kaltgepreßtem Olivenöl oder eventuell mit Trüffeljus parfümiert servieren.

Diese leichte und delikate Vorspeise aus dem Languedoc ist ein Beispiel für neukreierte regionale Spezialitäten. Die kleinen, zarten Lauchstengel wachsen im südlichen Rhônetal und in den Weinbergen der Cevennen. Ich habe dieses Gericht an einem heißen Sommertag im Château de Montcaud in Bagnols-sur-Cèze genossen. Dazu empfehle ich einen ganz speziellen Weißwein aus der Viognier-Rebe. Diese Rebsorte wurde bisher in winzigen Mengen für den Condrieu und den Château-Grillet im nördlichen Rhônetal angebaut. Nun hat ein deutscher Hobbywinzer diese Marktlücke entdeckt. Auf seinem Gut in Bagnols-sur-Cèze baut er sie an und keltert daraus einen köstlichen Wein, der an Pfirsiche und Aprikosen erinnert und ganz wunderbar zu Gemüse- und Fischgerichten paßt. Allerdings darf man dann zur beschriebenen Terrine nicht etwa eine Vinaigrette servieren. Das wäre sehr schade!

Spargel wie im Loiret
Lauch-Kartoffelsuppe

SPARGEL WIE IM LOIRET
2 kg weißer Spargel
2 EL Zitronensaft
Salz
1 TL Butter
1 TL Zucker
200 ml Crème double
1 EL feingehackte Petersilie
1 TL feingehackter Kerbel
1/2 TL feingehackter Estragon
1 Prise weißer Pfeffer

Tip:
Besonders attraktiv ist das Spargelessen, wenn zwei Saucen zur Auswahl serviert werden. Zum Beispiel noch die klassische Sauce hollandaise.

Weinempfehlung:
Sancerre

LAUCH-KARTOFFEL-SUPPE
Für 6 Personen
250 g junger, zarter Lauch
1 EL Butterschmalz
250 g Kartoffeln
3/4 Liter Wasser oder Hühnerbrühe
1/4 Liter Milch oder süße Sahne
Salz
Pfeffer
40 g frische Butter

SPARGEL WIE IM LOIRET
Asperges comme au Loiret
Den Spargel großzügig schälen, und zwar von der Spitze nach unten. Um 4 bis 5 cm kürzen. Sofort in Wasser einlegen und den Zitronensaft beifügen. Etwa 2 Liter Wasser mit Salz, der Butter und dem Zucker aufkochen. Den Spargel auf einen Siebeinsatz legen oder je 10 bis 12 Spargeln zusammenbinden und in das kochende Wasser geben. Je nach Qualität des Spargels 18 bis 25 Minuten auf kleinem Feuer kochen. Die Spargeln sollen beim Einstechen weich sein, dürfen aber die Köpfchen nicht verlieren! Die Crème double gut aufrühren. Die Petersilie, den Kerbel und den Estragon darunterziehen und mit Pfeffer würzen. Den Spargel gut abtropfen lassen und auf einer Serviette oder einer mit Löcher versehenen Spezialplatte servieren. Die Spargeln sollen warm sein, man sollte sie aber in die Hand nehmen können. Die Sauce separat dazu servieren und eine Fingerschale zu jedem Gedeck stellen.

LAUCH-KARTOFFELSUPPE
Potage de poireaux et de pommes de terre
Den Lauch putzen, waschen, in feine Scheiben schneiden und im Butterschmalz anziehen lassen. Die Kartoffeln schälen, kleinschneiden und zugeben. Das Wasser oder die Brühe zum Gemüse geben und etwa 30 bis 40 Minuten kochen, bis der Lauch und die Kartoffeln gar sind. Die Gemüse durch ein Sieb streichen und wieder in den Topf geben. Die Milch oder Sahne aufkochen, damit sie in der Suppe nicht gerinnt und unter das Gemüse rühren. Mit Salz und Pfeffer abschmecken. Die frische Butter unterrühren.

Diese rustikale Suppe aus der Ile-de-France wird heute oft in der verfeinerten Form mit Sahne zubereitet kalt serviert und „vichyssoise“ genannt. Wahrscheinlich verdanken wir die Veredlung der bäuerlichen Suppe einem Küchenchef aus Vichy, der diese Spezialität den Kurgästen seines Badeortes servierte. Jedenfalls kam die „vichyssoise“ auch in den Pariser Bistros auf, wo man ihr Milch und Sahne beigibt.

Überbackene Zwiebelsuppe

Für 4–6 Personen, je nach Größe der Tassen

500 g Zwiebeln
1 EL Butter
1 Liter Fleischbrühe
4–6 dünne Weißbrotscheiben, am besten Baguette
2 EL Butterschmalz
200 ml Weißwein
Salz
Pfeffer aus der Mühle
Muskatnuß
100 g geriebener Käse, z.B. Comté oder Gruyère

Weinempfehlung:
Beaujolais

Gratinée des halles

Die Zwiebeln schälen, in feine Streifen schneiden und in der Butter anziehen lassen. 2 Eßlöffel Fleischbrühe zufügen, zudecken und etwa 30 Minuten dünsten. Die Zwiebeln dürfen hellgelb, aber nicht dunkel werden, sonst schmecken sie bitter. Ab und zu wenden.

Die Brotscheiben beidseitig im Butterschmalz hellbraun rösten. Den Weißwein über die Zwiebeln gießen, etwas verdampfen lassen, dann die restliche Brühe zugießen und aufkochen lassen. Mit Salz, Pfeffer und Muskatnuß abschmecken.

Die Suppe in vorgewärmte Suppentassen einfüllen, je eine Brotscheibe darauflegen, mit Käse bestreuen und bei Oberhitze im vorgeheizten Ofen oder unter der Grillschlange kurz überbacken, bis der Käse schmilzt. Sollten nicht alle Tassen auf einmal im Ofen Platz haben, die Brotscheiben mit dem Käse immer erst kurz vor dem Überbacken auf die Suppe legen, damit sie obenauf schwimmen und nicht in der Suppe versinken. Vorsicht beim Servieren – die Suppentassen sind feurig heiß!

Die „gratinée" ist ein altes Rezept aus der Ile-de-France. Sie wurde von den Gemüsebauern der Umgebung nach Paris gebracht, wo sie ihre Produkte in den legendären „halles" feilboten. Bald bürgerte sie sich in den rundum liegenden kleinen Bistros ein, wo sie frühmorgens von ausgehfreudigen Parisern und ausgelassenen Touristen inmitten von Gemüse- und Fischhändlern, Metzgern und Lastwagenfahrern mit Heißhunger verzehrt wurde. Da war die Gratinée gerade das richtige Magenpflaster. Allerdings geriet sie dort etwas üppiger, weil sie mit Mehl gebunden wurde, das ich heute weglasse. In den Bistros der „halles" gab manch einer auch noch einen Schluck Cognac aus der Wamsflasche hinein oder verlangte sie mit zwei aufgeschlagenen Eiern. Die Lyoner behaupten allerdings, diese Suppe stamme ursprünglich aus ihrer Stadt. Früher fügte man dieser Suppe kleine Kartoffelwürfel bei und verwendete nur Wasser anstelle von Wein und Fleischbrühe. Heute ist die Gratinée des halles in ganz Paris und vielerorts in Frankreich zu einem traditionellen Bistrogericht geworden.

MARDI 5 AV
appel des Nation
Nord re
les nuclé
Epreuve de fo
discussions entre Israël et l'OL

LINSENSUPPE

250 g Linsen
2 Karotten
1 große Zwiebel
2 EL Butter
1 Schinkenknochen ohne Fett
1 Zweig Selleriekraut
1 Lorbeerblatt
1 TL gehacktes Bohnenkraut
2 Knoblauchzehen
500 ml Fleischbrühe
250 ml Weißwein
Salz
Pfeffer
100 g gewürfelter roher Schinken
2 Scheiben kleingewürfeltes Weißbrot
180 ml süße Sahne
1 EL gehackte Petersilie

Varianten:
Oft serviert man zu dieser Suppe geriebenen Käse, zum Beispiel Comté oder Gruyère. In diesem Fall Brotwürfelchen weglassen. Oft wird auch gepökelter Schweinskopf mitgekocht.

Weinempfehlung:
Beaujolais-Villages

Soupe aux lentilles

Die Linsen am Vorabend in etwa 1 Liter abgekochtem Wasser oder Mineralwasser einlegen.
Die Karotten schälen und in Rädchen schneiden. Die Zwiebel schälen, hacken und in 1 Eßlöffel Butter anziehen lassen. Die Karotten kurz mitdünsten. Die Linsen mit dem Einlegewasser, dem Schinkenknochen, dem Selleriekraut, dem Lorbeerblatt, dem Bohnenkraut, dem durchgepreßten Knoblauch, der kalten Brühe und dem Wein zugeben. Langsam aufkochen. Mehrmals abschäumen. Halb zugedeckt bei kleiner Hitze etwa 15 Minuten ziehen lassen. Sollten sich Fettaugen bilden, die Suppe mit Küchenpapier etwas entfetten. Zwei Schaumlöffel Linsen abschöpfen und beiseite stellen. Den Schinkenknochen, das Lorbeerblatt und den Selleriezweig entfernen. Die Suppe durchpassieren, wieder aufsetzen und mit Salz und Pfeffer abschmecken. Den Schinken zufügen. Etwa 5 bis 10 Minuten ziehen lassen. Das Brot in der restlichen Butter knusprig rösten. Die Sahne und die ganzen Linsen zur Suppe geben und nochmals erhitzen, aber nicht kochen. Anrichten und mit den Brotwürfelchen und der Petersilie bestreuen.

In den regionalen Küchen Nordfrankreichs haben Hülsenfrüchte einen hohen Stellenwert, so auch die Linsen. Man begegnet ihnen in vielen Formen. Diese Suppe, die auch eine ganze Mahlzeit ersetzen kann, stammt aus der Auvergne. Dort sind die Linsen von Le Puy von besonderer Qualität. Im Beaujolais und Burgund ißt man sie gerne als Salat, in der Vendée zu Püree verarbeitet. Übrigens kommen sie heute auch in Spitzenrestaurants wieder zu Ehren, unter anderem als Gemüse, serviert zu geräuchertem oder gepökeltem Entenfleisch, welches das Schweinefleisch vorteilhaft ersetzt. So habe ich es kürzlich in den Landes gegessen.

Kartoffelgratin nach Art der Dauphiné

750 g mehlig kochende Kartoffeln
1 Knoblauchzehe
50 g Butter
etwa 300 ml Milch (so viel, daß die Kartoffeln davon bedeckt sind)
Salz
Pfeffer
Muskatnuß
300–350 ml süße Sahne

Tip:
Die Kartoffeln sollen ihre Stärke abgeben, um die Sauce des Gratins zu binden. Deshalb die Kartoffelscheiben nicht im Wasser liegen lassen. Aus dem gleichen Grund werden sie langsam, bei relativ niedriger Temperatur gegart. Auch darf das Gratin nicht höher sein als 3 bis 4 cm.

Gratin dauphinois
Die Kartoffeln schälen und unter fließendem Wasser rasch waschen, nicht ins Wasser legen! Die Kartoffeln in sehr dünne Scheiben schneiden. Eine flache Gratinform mit der angeschnittenen Knoblauchzehe ausreiben und mit einem Teil der Butter großzügig ausbuttern. Die Kartoffeln hineingeben und mit der Milch bedecken. Mit Salz, Pfeffer und Muskatnuß bestreuen. Auf dem Herd oder im Ofen zum Kochen bringen.
Die Hälfte der Sahne zufügen, gut durchrühren und die Kartoffeln mit der restlichen, in Flocken geschnittenen Butter bestreuen. Das Gratin 1 1/2 bis 2 Stunden im vorgeheizten Backofen bei 150 °C backen. Während dieser Zeit nach und nach die restliche Sahne zufügen und das Gratin von Zeit zu Zeit leicht aufrühren, damit sich keine harte Kruste bildet. Die Oberfläche des Gerichtes darf aber braune Flecken bekommen. Am besten deckt man das Gratin anfangs mit einer Aluminiumfolie ab, damit es nicht austrocknet. Die Sahne soll zu einer sämigen Creme eindicken. 10 Minuten vor Ende der Backzeit aufdecken und auf 200 °C erhöhen, damit das Gratin etwas Farbe annimmt.

Paßt zu gebratenem oder gegrilltem Fleisch, keinesfalls aber zu Saucengerichten, wie man es oft sieht. Gegen Fleisch mit einem klaren Bratensaft ist nichts einzuwenden.

Nicht jedes beliebige Kartoffelgratin ist ein Gratin dauphinois. Wer diese Spezialität in der Dauphiné so oft gegessen hat wie ich, staunt ab und zu, was bei uns und auch anderswo in Frankreich manchmal unter dieser Bezeichnung angeboten wird! Dieses echte Familienrezept verdanke ich Michel Rostang, bei dem ich dieses Gratin mehrmals gegessen habe, als er noch im Elternhaus in Sassenage kochte. Heute führt er ein bekanntes Restaurant in Paris. Eine gute Köchin aus der Dauphiné verriet mir dazu noch ihr Geheimnis: Sie reibt die Form nicht nur mit Knoblauch aus, sondern zusätzlich noch mit einem angeschnittenen „navet“, einer kleinen weißen Rübe. Das gibt dem Gratin einen einmaligen Geschmack.

Grüne Erbsen nach französischer Art

249. - PARIS. - Un matin aux Halles !

Die Ile-de-France war früher der Gemüsegarten Frankreichs. Von dort brachten die Bauern ihre Produkte nach Paris in die „halles", um sie im Morgengrauen zu verkaufen. Langsam wurden aber die Kulturen zugunsten der Hauptstadt und der Industrie dezimiert. Aber gewisse Ortsnamen bestehen auf Speisekarten weiter. So steht, um nur einige zu nennen, Argenteuil weiterhin für Spargel und seine Zubereitungen, Clamart für feine grüne Erbsen und auch die Kirschen von Montmorency leben in der Küchensprache weiter.
Es ist also nicht verwunderlich, daß viele Gemüse- und Obstgerichte aus dieser Gegend stammen. So sind die Petits pois à la française, die mit Zwiebelchen und Kopfsalat angereichert werden, eine klassische Gemüsegarnitur zu gebratenem Fleisch geblieben. Und Gerichte, die mit Erbsen garniert werden, heißen laut Escoffier, dem großen Küchenchef, der Ordnung in die Nomenklatur der Zubereitungen brachte, „à la Clamart".

1 kg frische grüne Erbsen
100 g Perlzwiebeln
2 kleine Kopfsalate
3 EL Butter
1 EL gehackte Petersilie
Salz
weißer Pfeffer
1 TL Zucker

Petits pois à la française
Die Erbsen entschoten, die Perlzwiebeln schälen und die Salatblätter lösen und waschen. Die Erbsen in 2 Eßlöffel Butter 1 bis 2 Minuten dünsten. Die Zwiebeln, die Petersilie, wenig Salz und Pfeffer beifügen. Kein Wasser zugeben. Die Erbsen mit einigen halbierten Salatblättern bedecken. Zudecken und bei kleiner Hitze 20 Minuten dünsten. Den Topf öffnen, den Salat herausnehmen und die restliche Butter mit dem Zucker unter die Erbsen mischen. Die Salatblätter zu Bündchen zusammenrollen, zu den Erbsen legen, nachwürzen und nochmals erwärmen.

Geschmorter Chicorée

1 kg Chicorée
60 g in Flocken
geschnittene Butter
Salz
weißer Pfeffer
1 TL Zucker
1 EL Butter zum Einfetten

Variation:
Für die „goyère donaisienne“, einen Chicoréekuchen, den Chicorée wie beschrieben putzen, vorbereiten, in Streifen schneiden und mit 50 g Schalotten und 100 g geräucherten Speckwürfelchen in Butter anziehen lassen. Ein Kuchenblech mit geriebenem Teig (siehe Rezept S. 174) auslegen, die Füllung daraufgeben und mit einem Guß aus 3 Eiern und 300 ml süßer Sahne begießen. Im vorgeheizten Backofen etwa 30 Minuten bei 200 °C backen.

Endives braisées

Den Chicorée putzen, waschen und gut abtropfen lassen. Die Kolbenunterseite mit einem kleinen, spitzen Messer ringsum einen Zentimeter einschneiden und ein kegelförmiges Stück des festen Teils herausschneiden. Die Kolben je nach Größe halbieren und lagenweise mit den Butterflocken in eine gut schließende Kasserolle geben, dabei jede Lage mit Salz, Pfeffer und einer Prise Zucker bestreuen. Ein Stück Pergamentpapier so zurechtschneiden, daß es den Rand der Kasserolle um 4 cm überragt. Mit 1 Eßlöffel Butter bestreichen und mit der gebutterten Seite nach unten auf den Chicorée legen. Seitlich gut andrücken, damit der Chicorée luftdicht abgeschlossen wird. Die Kasserolle zudecken, 5 Minuten auf mittlerer Hitze und dann auf kleinster Flamme etwa 1 Stunde schmoren lassen. Auf einer vorgewärmten Platte anrichten. Darauf achten, daß der Chicorée nicht zerfällt. Die Schmorflüssigkeit darüber verteilen.

Dieses kolbenförmige Wintergemüse mit den langen, weißgelben Blättern, in Frankreich „endives“ und in Belgien „witloof“ genannt, stammt ursprünglich aus der Nähe von Brüssel. Ein Bauer entdeckte, daß Zichorienwurzeln, die er achtlos in den Keller geworfen hatte, gekeimt und lange, schmale, bleiche Blätter gebildet hatten. Er fand sie eßbar und begann sie zu kultivieren. Ein Botaniker namens Brézier verbesserte sie, und das Gemüse wurde zu dem, was es heute ist. Diese „endives“ tauchten im Oktober 1879 in den Pariser Markthallen auf, wo sie mit Erfolg verkauft wurden.
Um die große Nachfrage zu befriedigen, wurden sie auch im Norden Frankreichs, in den Provinzen Flandern und Artois, angebaut, wo man sie nicht nur für Salat verwendet, sondern vor allem braisiert, das heißt mit wenig Flüssigkeit langsam garen läßt. Das allereinfachste, aber delikate Rezept „endives à la flamande“ besteht nur aus diesem Gemüse und Butter.

Trüffelsauce

Für die Trüffelsauce:
1–2 schwarze Trüffeln
200 ml Kalbsfond
(Rezept siehe unten)
200 ml Madeira
1 EL Butter
40 g sehr kalte Butter
Salz
Pfeffer

Für den Kalbsfond:
600 g grobgehackte Kalbsknochen (vorzugsweise Brustknochen)
1 EL Butterschmalz
2 kleine Karotten
40 g Knollensellerie
1 kleine Zwiebel
½ Knoblauchzehe
½ Mokkalöffel Tomatenpüree
6 EL Rotwein

Tip:
Kalbsfond kann auf Vorrat zubereitet und in kleinen Behältern tiefgekühlt werden. Auf diese Art hat man ihn stets zur Hand.

Sauce Périgueux
Für die Trüffelsauce: Die Trüffeln schälen und in sehr kleine Würfel schneiden. Die Schalen aufheben. Den Kalbsfond und den Madeira mischen und mit den Trüffelschalen etwa auf die Hälfte einkochen. Inzwischen die Trüffelwürfelchen kurz in 1 Eßlöffel Butter andünsten. Die Sauce passieren und nochmals etwas reduzieren. Die kalte Butter kleinwürfeln. Nach und nach unter die Sauce schlagen. Die Trüffelwürfelchen beigeben und mit Salz und Pfeffer abschmecken.
Für den Kalbsfond: Die Kalbsknochen in einer Bratkasserolle im Butterschmalz stark anbraten. Karotten, Sellerie und Zwiebel putzen, in kleine Würfel schneiden und zufügen, sobald die Knochen schön braun sind. Die ungeschälte Knoblauchzehe und das Tomatenpüree beigeben und ganz kurz mitdünsten. Mit dem Wein ablöschen, etwas verdampfen lassen, dann 1½ Liter Wasser zugießen. Den Jus auf ein Viertel einkochen lassen, dann durch ein feines Sieb passieren. In einen Topf geben und nochmals um die Hälfte einkochen.

Das Périgord ist bekannt für seine ausgezeichneten schwarzen Trüffeln. Das Gedeihen dieser kostbaren Pilze ist ein kleines Wunder. Sie wachsen unter der Erde zu nußgroßen, oft aber auch zu Stücken bis zu 12 cm Durchmesser heran. Sie werden mit Hilfe eines speziell dressierten Mutterschweins oder eines Hundes gesucht und ab Herbst bis zum Winteranfang geerntet. Die Sauce Périgueux ist in der klassischen französischen Küche unentbehrlich, dient sie doch als besondere Beilage zu edlen Rindfleischstücken wie Filets und Entrecôtes.
Ein ganz typisches Rezept ist das bekannte Tournedos „Rossini“, eine kurzgebratene Rindsfiletscheibe, garniert mit Gänseleber mit Sauce Périgueux. Allerdings ist auch diese Spezialität kein ausgesprochen regionales Gericht, sondern die Kreation eines Küchenchefs. Die Sauce Périgueux wird aber vom Périgord bis in die Gascogne und ins Bordelais zu Rindfleisch serviert.

MADEIRA
TRUFFES
JEAN BAUDOIN
BROSSÉES EXTRA
50 g. net

CH. ROUSS
12,5% vol

Eier- und Käsegerichte

Käsesoufflé
Quiche Lorraine

KÄSESOUFFLÉ
Für eine Auflaufform von etwa 22 cm Durchmesser oder 4 kleine Förmchen, am besten aus Porzellan

Butter und Mehl für die Form
60 g Butter
40 g Mehl
350 ml Milch
Salz
Pfeffer aus der Mühle
Muskatnuß
160 g frisch geriebener Käse (Comté oder Gruyère)
4 Eier

QUICHE LORRAINE
Für eine Kuchenform von 24 cm Durchmesser

Für den Teig:
200 g Mehl
1 Ei
1 Prise Salz
120 g weiche Butter
Für die Füllung:
200 g geräucherter Magerspeck oder Schinkenwürfel
2 EL Butter oder Schweinefett
1 große Zwiebel
4 Eier
400 ml süße Sahne
Salz, Pfeffer
Muskatnuß
Butter für die Form
20 g Butterflocken zum Bestreuen

KÄSESOUFFLÉ
Soufflé au comté
Die Souffléförmchen oder eine Auflaufform halbhoch mit Butter ausstreichen und mit Mehl bestäuben. Überflüssiges Mehl wieder ausschütten. Die Butter mit dem Mehl unter Rühren hellgelb anschwitzen. Die Milch aufkochen lassen und rasch mit der Mehlschwitze verrühren, damit keine Klumpen entstehen. Etwa 8 Minuten lang zu einer dicken Sauce rühren. Mit Salz, Pfeffer und Muskatnuß abschmecken. Den Käse zufügen, von der Herdplatte nehmen und etwas abkühlen lassen.
Die Eier trennen. Die Eigelbe einzeln unter die Masse arbeiten. Wenn nötig, etwas nachwürzen. Die Eiweiße mit einer Prise Salz zu samtigem Schnee schlagen. Etwa die Hälfte davon unter die Masse mischen, den Rest locker unterziehen. Die Förmchen damit bis zum Rand füllen. In der Mitte des vorgeheizten Ofens bei 180 °C etwa 15 bis 20 Minuten backen und sofort servieren. Nicht vergessen, daß die Gäste auf das Soufflé warten sollen und nicht umgekehrt!

QUICHE LORRAINE
Lothringer Speckkuchen
Das Mehl in eine Schüssel sieben, in die Mitte eine Mulde drücken. Das Ei, Salz und die kleingeschnittene Butter zugeben. Rasch zu einem Teig verarbeiten und 1 Stunde kühl ruhen lassen. Den Speck in feine Scheibchen schneiden. Butter oder Schweinefett erhitzen. Den Speck darin leicht anrösten. Aus der Pfanne nehmen. Die Zwiebel hacken und im Fond des Specks glasig dünsten. Eier und Sahne leicht verquirlen. Mit Salz, Pfeffer und Muskatnuß würzen. Den Teig etwa 3 mm dick ausrollen. Die mit der Butter bestrichene Form damit auslegen. Den Teigboden mit einer Gabel mehrmals einstechen. Den Speck in der Form verteilen. Einige Scheiben zurückbehalten. Im vorgeheizten Backofen 10 Minuten bei 230 °C vorbacken. Aus dem Ofen nehmen. Die Zwiebeln auf den Speck verteilen. Den Guß darübergießen. Die Temperatur auf 220 °C reduzieren und etwa 25 bis 30 Minuten weiterbacken. Luftblasen aufstechen. Etwa 5 Minuten vor Ende der Backzeit mit den Speckscheiben und den Butterflocken belegen. Warm servieren.

COMTE

Eier Burgunder Art

100 g Speckwürfelchen
1 Lauchstange
4–5 gehackte Schalotten
3 EL Butter
2 Knoblauchzehen
1 Zwiebel, gespickt mit
1 Lorbeerblatt und
2 Gewürznelken
1 Zweig Selleriekraut
700 ml Burgunder Rotwein
120 ml Bouillon
1 Messerspitze Salz
1 Messerspitze Pfeffer
1 Messerspitze Thymian
1 Stück Würfelzucker
2 Scheiben Toastbrot
2 EL Butterschmalz
8 frische Eier
1 EL Mehl
1 EL gehackte Petersilie

Tip:
Durch das Pochieren in Wein verfärben sich die Eier. Wer das vermeiden möchte, kann sie separat in Essigwasser garen.

Weinempfehlung:
Einfacher Beaujolais oder Burgunder

Œufs en meurette
Die Speckwürfelchen, den kleingeschnittenen Lauch und die Schalotten in 2 Eßlöffel Butter unter Wenden 5 Minuten dünsten. 1 Knoblauchzehe durchpressen und mit der gespickten Zwiebel, dem Selleriekraut, dem Wein und der Bouillon zugeben. Mit Salz, Pfeffer, Thymian und dem Zucker abschmecken. Auf kleinem Feuer 30 Minuten kochen. Die Brotscheiben halbieren und im Butterschmalz rösten. Die andere Knoblauchzehe durchpressen und die Brotscheiben damit bestreichen. Die Sauce absieben, die Pfanne reinigen und die Flüssigkeit wieder hineingeben. Zum Kochen bringen. Die Eier aufschlagen und einzeln vorsichtig in die Sauce gleiten lassen. Nicht mehr als 3 Eier auf einmal pochieren. Etwa 4 Minuten ziehen lassen, herausnehmen und warm stellen. Die Sauce auf großem Feuer 5 Minuten einkochen lassen. Das Mehl mit der restlichen Butter zu einer Kugel verkneten. Die Sauce unter Rühren mit der Mehlbutter binden. Sofort vom Feuer nehmen und über die Eier gießen.
Das Gericht mit der Petersilie bestreuen. Die Brotscheiben dazulegen.

Die Sauce meurette ist aus der Küche des Burgunds nicht wegzudenken. Sie ist die Basis vieler Gerichte dieser Gegend. Darin werden nicht nur – wie in diesem Rezept – Eier gekocht, sondern auch Fische und sogar Hirn. Dieses wird nach dem Braten mit Marc de Bourgogne flambiert, bevor es in die Sauce kommt. Im Burgund erzählt man, daß Madame de Sévigné, eine berühmte Schriftstellerin des 17. Jahrhunderts, im Gasthof von Saulieu etwas über ihren Durst getrunken hatte. Um sich diese Sünde vom lieben Gott verzeihen zu lassen, ließ sie dem Stiftsherrn von Saulieu eine Statue der Muttergottes überreichen. Man behauptet, sie habe bei dieser Gelegenheit auch die Sauce meurette kennengelernt, jedenfalls schwärmte sie später in ihren Schriften überschwenglich davon. Die „meurette", wie sie kurz genannt wird, besteht zur Hauptsache aus Burgunderwein. Es wäre aber falsch, nur den allerteuersten dafür zu verwenden. Ein alter Jahrgang mag im Glas noch wundervoll sein, in der Pfanne aber stirbt er meistens. Man sollte einen jüngeren, aber körperreichen Wein wählen.

Lauchkuchen aus der Picardie

Für eine Form von 24 cm Durchmesser

Für den Mürbteig:
370 g Mehl
180 g kleingeschnittene Butter
2 Eier
2 Messerspitzen Salz

Für den Belag:
500 g Lauch
1 Zwiebel
100 g roher oder gekochter Schinken
2 EL Butter
1 EL Weißwein
3 Eier
3 EL geriebener Gruyère
¼ Liter süße Sahne
Salz
Pfeffer
Muskatnuß
Butter für die Form

Tip:
Den Mürbteig kann man auch tiefgekühlt kaufen.

Getränkeempfehlung:
Sancerre, Muscadet oder Bier

Flamique au poireau

Für den Mürbteig: Das Mehl auf ein Teigbrett sieben und in der Mitte eine Mulde eindrücken. Die Butter auf dem Mehlrand verteilen. 1½ Eier und Salz in die Mulde geben und rasch zu einem Teig verkneten. Dabei nach Bedarf etwas Wasser zufügen. Den Teig zu einer Kugel formen und eine Stunde kühl ruhen lassen.

Für den Belag: Den Lauch putzen und die harten Blätter entfernen. In dünne Ringe schneiden. Die Zwiebel hacken. Den Schinken in feine Streifen schneiden. Den Lauch und die Zwiebeln in der Butter andünsten. Den Weißwein zugeben und 5 bis 10 Minuten unter Wenden bei kleiner Hitze knapp gar dünsten. Die Lauchflüssigkeit soll fast ganz verdampfen. Den sehr gut abgetropften Lauch mit dem Schinken mischen. Die Eier, den Käse und die Sahne gut verquirlen. Mit Salz, Pfeffer und Muskatnuß würzen.

Zwei Drittel des Teiges 3 mm dick ausrollen. Die Kuchenform mit wenig Butter ausfetten und mit dem Teig auslegen. Mehrmals mit einer Gabel einstechen. Den Lauch mit dem Schinken gleichmäßig auf dem Teig verteilen und den Eierguß darübergießen. Den restlichen Teig sehr dünn ausrollen. Einen Deckel etwas größer als die Form ausschneiden. Die Flamique damit bedecken. Mit dem restlichen, verquirlten halben Ei bestreichen. Im vorgeheizten Backofen bei 230 °C etwa 35 bis 40 Minuten backen. Wenn nötig, mit Aluminiumfolie abdecken, damit die Oberfläche nicht zu dunkel wird.

Die Flamique ist ein Kuchen, der seinen Ursprung in Belgien, also nahe den Provinzen Flandern, Artois und eben der Picardie hat. Eine Flamique kann süß oder pikant belegt werden. Herrlich schmeckt sie mit Lauch- oder Zwiebelfüllung, pikant mit Maroilles, dem rassigen Weichkäse aus der Gegend, und originell mit Kürbis. Die Flamique mit Lauch ist seit Jahren eines meiner Erfolgsrezepte, und am besten schmeckt sie, wenn man einen zarten Mürbteig dazu verwendet, wie es in Frankreich üblich ist. Dazu wird gerade in den nördlichen Provinzen nicht immer Wein getrunken, sondern viel eher eine der unzähligen gehaltvollen Biersorten, die dort beheimatet sind.

Baskisches Omelett

6 frische Eier
1 Zucchino
1 kleine Aubergine
1 Zwiebel
1 Tomate
1 grüner Peperone (Pfefferschote)
Salz
4 EL Olivenöl oder Gänsefett
50 g Schinkenwürfelchen
2 Knoblauchzehen
2–3 Pfefferminzblätter
Pfeffer

Tip:
Eine möglichst große Bratpfanne verwenden und darauf achten, daß das Omelett nicht zu trocken wird.

Weinempfehlung:
Roter Graves oder Saint-Emilion

Pipérade aux œufs

Die Eier 15 Minuten mit dem Schneebesen oder 2 bis 3 Minuten mit dem Rührwerk der Küchenmaschine schaumig schlagen. Inzwischen den Zucchino, die Aubergine, die Zwiebel und die Tomate in Scheiben und den entkernten Peperone in Streifen schneiden. Die Auberginenscheiben mit wenig Salz bestreuen. Nach etwa 10 Minuten mit Küchenpapier abtupfen und in 1 Eßlöffel Olivenöl oder Gänsefett beidseitig hellbraun vorbacken. Aus der Pfanne nehmen. 1 Eßlöffel Öl oder Gänsefett nachgeben, den Schinken und die restlichen Gemüse darin dünsten. Sie müssen leicht anbraten und alle Flüssigkeit soll dabei verdampfen. Zuletzt den durchgepreßten Knoblauch, die Pfefferminzblätter und wenig Salz und Pfeffer zugeben. Kurz mitdünsten. Die schaumige Eimasse leicht salzen und pfeffern, dann mit dem gut abgetropften, etwas erkalteten Gemüse mischen. Restliches Öl oder Gänsefett in der Bratpfanne erhitzen und die Mischung hineingießen. Sobald das Omelett auf der Unterseite fest geworden ist, mit zwei Bratschaufeln wenden und fertigbacken. Sofort auf eine vorgewärmte Platte geben.

Die Pipérade aux œufs ist eigentlich die Ratatouille des Baskenlandes. Ich lernte dieses Gericht allerdings nicht dort kennen, sondern in Saint-Tropez, wohin es Fifine, eine Baskin, verschlagen hatte. Sie besaß ein kleines, damals noch unbekanntes Restaurant, wo wir oft hingingen, um ihre „omelette“ zu essen. Und das war nichts anderes als die Pipérade aux œufs aus ihrer Heimat. Damals war Saint-Tropez noch ein gemütliches Fischerdorf. Fifine stand persönlich in der Küche und kochte täglich nur ein Menü. Für die Zubereitung der „omelette“ ließ sie sich auch gerne etwas bitten. Anfänglich kochte sie diese nur für Gäste, die ihr genehm waren, und man mußte die obligate Wartezeit mit Flanieren oder bei einem Pastis verbringen. Inzwischen ist sie damit berühmt geworden. Einmal durfte ich, weil sie mich besonders mochte, Fifine beim Zubereiten dieses einfachen, aber geheimnisumwitterten Gerichts zuschauen. Seither verwöhne ich meine Gäste – und manchmal auch mich ganz alleine – mit dieser baskischen Spezialität.

Käse-Kartoffelkuchen Burgunder Käsekranz

KÄSE-KARTOFFEL-
KUCHEN
Für eine Springform von
24 cm Durchmesser
Für den Teig:
150 g Mehl
Salz
100 g Frischkäse
100 g weiche Butter
Für den Belag:
500 g Kartoffeln
250 g junger Ziegenkäse
oder pikanter, reifer
Weichkäse
5 EL Milch
30 g Butter
6 Eier
Salz, Pfeffer
Butter für die Form

Tip:
Im Poitou wird dieser Kuchen kalt mit viel grünem Salat serviert.

BURGUNDER
KÄSEKRANZ
Für ein rechteckiges
Backblech
80 g Butter
½ TL Salz
200 g Mehl
½ TL Backpulver
4 Eier
180 g Comté oder Gruyère
Butter fürs Blech
1 Eigelb zum Bestreichen

Weinempfehlung:
Leichte Burgunderweine

KÄSE-KARTOFFELKUCHEN
Petatou

Für den Teig: Das Mehl mit 2 Prisen Salz mischen. Den Frischkäse und die Butter dazugeben. Rasch zu einem gleichmäßigen Teig verarbeiten. Eine halbe Stunde kühl stellen und nach Belieben wie beim Blätterteig zwei- bis dreimal falten und jeweils 20 Minuten ruhen lassen. Dann nochmals ausrollen, zusammenfalten und kühl stellen.
Für den Belag: Die Kartoffeln in der Schale knapp weich kochen. Den Käse in sehr feine Scheibchen schneiden. Die Kartoffeln heiß schälen und durch die Presse drücken. Die Milch erhitzen und die Butter hineingeben. Die Kartoffeln beifügen und rasch zu einem Püree verarbeiten. 4 Eier verquirlen und zusammen mit den Käsescheiben darunterziehen. Mit Salz und Pfeffer abschmecken. Eine Springform mit Butter ausstreichen. Mit dem Teig auslegen und einen Rand von 3 cm hochziehen. Den Teigboden mit einer Gabel mehrmals einstechen. Die Masse hineingeben. Die Oberfläche mit 2 verquirlten Eiern bestreichen. Im vorgeheizten Backofen bei 180 °C etwa 50 Minuten backen.

BURGUNDER KÄSEKRANZ
Gougère bourguignonne

Die Butter mit dem Salz in ¼ Liter Wasser aufkochen. Das gesiebte Mehl mit dem Backpulver auf einmal hineingeben und bei kleiner Hitze unter Rühren mit der Holzkelle so lange kochen, bis sich der Teigkloß vom Topf löst. Den Topf vom Feuer nehmen, kurz abkühlen lassen und, solange die Masse noch warm ist, die Eier einzeln darunterarbeiten. Das vierte Ei nur noch nach Bedarf zum Teig geben. Den Teig 15 Minuten ruhen lassen. Die Hälfte des Käses reiben und unter den Teig ziehen. Vom Teig mit Hilfe von zwei Eßlöffeln 7 gleichgroße Kugeln abstechen. Diese kranzförmig auf einem gebutterten Blech anordnen. Den restlichen Käse in kleine Würfelchen schneiden und den Ring damit bespicken. Sie sollen gut sichtbar bleiben. Das Eigelb mit 1 Eßlöffel Wasser gut verquirlen und die Gougère damit bestreichen. Im vorgeheizten Backofen etwa 25 Minuten bei 190 °C backen. Die Gougère muß goldbraun sein, darf aber nicht austrocknen. Sofort heiß servieren, nicht aufwärmen, sie schmeckt nur frisch gut!

la nostalgie
fromi
200g

Crepes Parmentier

Für 4 bis 6 Personen

500 g Kartoffeln
2–3 Tassen Milch
3 EL Sahne
6 Eier
3 EL Mehl
Salz
weißer Pfeffer
Muskatnuß
3 EL Butterschmalz

Variationen:
Dem Pfannkuchenteig können nach Geschmack feingehackter Schinken oder Speck, gewürfelte Zwiebeln oder geriebene rohe Kartoffeln beigegeben werden.

Kartoffelpfannkuchen
Die Kartoffeln in der Schale weich kochen. Abtropfen und etwas abdampfen lassen. Warm schälen und passieren oder zerstampfen. Die Milch erhitzen. Die Kartoffeln zufügen und gut mischen. Das Püree etwas abkühlen lassen, dann die Sahne, die Eier und das Mehl zugeben. Mit Salz, Pfeffer und 1 Prise Muskatnuß würzen. Etwa 30 Minuten ruhen lassen. Der Teig soll leicht flüssig sein. Im Butterschmalz kleine Pfannkuchen ausbacken. Heiß servieren.

In ganz Frankreich werden Zubereitungen aus Kartoffeln oft mit dem Namen „Parmentier" versehen. Augustin Parmentier (1737–1813), Militärapotheker und Agronom, wird die Einführung der Kartoffel in Frankreich zugeschrieben. Während des Siebenjährigen Krieges lernte er als Kriegsgefangener in Westfalen diese Knolle kennen. Anläßlich eines Wettbewerbs der Akademie von Besançon im Jahre 1772, der zum Zweck der Entdeckung von lebenswichtigen Lebensmitteln im Falle von Hungersnöten ausgeschrieben wurde, empfahl er die Kartoffel und wurde damit Sieger. Er förderte danach den Anbau dieser wertvollen Knolle in ganz Frankreich und es gibt heute keine Region, die nicht ihre Kartoffelspezialitäten aufzuweisen hätte. Die Crêpes Parmentier sind besonders beliebt. In Vonnas, einem Ort in der Nähe von Lyon, wurde eine „mère" (so nannte man früher vorzügliche Köchinnen) mit ihrem Restaurant damit sogar berühmt. Deshalb werden sie auch manchmal „crêpes vonnassiennes" genannt.

Bratkartoffeln mit Reblochon

200 g gepökelte Schweinebrust
1 kg Kartoffeln
1 große Zwiebel
4 EL Butterschmalz
Salz
Pfeffer
Butter für die Form
250 g Crème fraîche
1 reifer Reblochon

Tip:
Die gepökelte Schweinebrust läßt sich durch Magerspeckstreifen ersetzen.

Weinempfehlung:
Fruchtiger Weißwein aus Savoyen oder Gamay, z.B. Beaujolais

Tartiflette
Die Schweinebrust 2 bis 3 Stunden wässern. Die Kartoffeln schälen, abtrocknen und in ½ cm dicke Scheiben schneiden. Die Zwiebel schälen und in dünne Scheiben schneiden. Etwa 3 Eßlöffel Butterschmalz in einer großen Bratpfanne erhitzen. Die Fleischstreifen hinzufügen und leicht anbraten, danach mit der Lochkelle aus der Pfanne nehmen. Das restliche Butterschmalz nachgeben, die Zwiebelscheiben zufügen und hellbraun braten, herausnehmen und die Kartoffelscheiben in die Pfanne geben. Mit Salz und Pfeffer würzen. Etwa 15 bis 20 Minuten unter öfterem Wenden braten. Eine feuerfeste, irdene, runde Form mit der Butter ausstreichen. Die gebratenen Kartoffeln hineingeben, die Zwiebeln und die Fleischstreifen darauf verteilen. Die Crème fraîche darübergeben. Vom Reblochon ringsum die Rinde entfernen. Die obere und die untere Fläche des Käses mit einem Messer gut abschaben. Den Reblochon in etwa 1½ cm dicke Scheiben schneiden. Die Kartoffeln mit dem Käse bedecken. Etwa 10 Minuten bei 250 °C im Ofen überbacken. Danach die Temperatur auf 200 °C reduzieren. Weiterbacken, bis der Käse geschmolzen ist. Er sollte nur leicht Farbe annehmen und es darf keine Kruste entstehen. In der Form servieren.

Der Reblochon ist der bekannteste Käse aus Savoyen. Er wird aus Kuhmilch hergestellt, ist rund, hat einen Durchmesser von 14 cm, ist 3,5 cm hoch und wiegt etwa 500 g. Er gehört in die Familie der Rotschmierkäse. Seine gelb-rötliche Rinde muß vor dem Essen oder der Weiterverwendung gründlich abgeschabt werden. Sein weicher Teig ist vollfett und im reifen Zustand leicht fließend. Dann erst ist sein typisches Alpenblumenaroma voll entwickelt. Die Reifezeit nach der Herstellung beträgt zehn bis zwölf Monate. Der Reblochon wurde durch die Mönche der Chartreuse, dem berühmten Kartäuserkloster, bekannt. Die Bauern der Umgebung baten die Klosterbrüder, ihre Chalets zu segnen. Dafür gaben sie ihnen von ihren Käsen, die deshalb „fromages de dévotion“, Opferkäse, genannt wurden.

Fisch, Schal- und Krustentiere

Miesmuscheln nach Art der Charente

2 kg Miesmuscheln
4 gehackte Schalotten
1 feingehackte Zwiebel
2 EL Butter
200 ml Weißwein
Pfeffer aus der Mühle
150 ml süße Sahne
2 Eigelb
1 TL Currypulver
Salz

Tip:
Miesmuscheln sind von Juli bis Januar am besten. Muscheln mit defekter Schale und solche, die sich beim Aufkochen nicht öffnen, sollte man wegwerfen.

Weinempfehlung:
Weißer Graves oder Bordeaux

Mouclade
Die Muscheln unter fließendem kaltem Wasser kräftig abbürsten, bis alle Unreinheiten entfernt sind. Den „Bart" auszupfen. Die Schalotten und die Zwiebel in der Butter in einem hohen Topf anziehen lassen. Den Wein und den Pfeffer zufügen und etwa 10 Minuten kochen lassen. Die Muscheln zugeben, zudecken und bei großer Hitze aufkochen. Sobald Dampf entsteht, den Deckel entfernen und die Muscheln gut durchrühren. Wenn sich die Schalen öffnen, abgießen und den Sud auffangen. Den Sud in einen Topf geben und bis zu einem Drittel einkochen lassen. Inzwischen von den Muscheln je eine Schalenhälfte entfernen. Die Muscheln in eine Gratinform geben und warm halten. Den Sud passieren. Die Sahne, die Eigelbe und das Currypulver gut verrühren. Den Sud unter Rühren dazugießen, wieder in den Topf geben und kurz erhitzen, nicht mehr kochen lassen. Mit Salz und Pfeffer abschmecken und die Sauce über die Muscheln verteilen. Das Gericht 3 bis 4 Minuten bei 220 °C mit Oberhitze im vorgeheizten Ofen überbacken.

Die Mouclade ist ein ganz typisches Gericht aus der Charente. Man sollte dazu die „moules de bouchot", kleine Miesmuscheln aus dieser Gegend oder aus der Bretagne, verwenden. Sie sind feiner im Fleisch und aromatischer als die großen Sorten. Der Curry gibt diesem Gericht die interessante Note. Allerdings muß er sparsam verwendet werden.
Ein ganz besonders originelles Muschelgericht wird in der Gegend von Marennes im Freien zubereitet. Diese sehr alte Spezialität von der Halbinsel Avert wird „éclade" oder auch „terrée de moules" genannt. Man bestreicht dazu ein Brett mit Lehm, steckt in die Mitte ein Kreuz aus vier Muscheln mit der Spitze nach oben und belegt rundum das Brett ganz dicht mit Muscheln. Das Ganze wird mit einer Schicht Piniennadeln zugedeckt und angezündet. Dann wird die Asche mit einem Besen weggefegt. Gegessen werden diese Muscheln heiß mit Landbrot und gesalzener Butter.

PRODUCT OF
1992

Hummer in Tomaten-Cognacsauce

Für 2 Personen

1 Lorbeerblatt
1 Hummer von etwa 1 kg (vorzugsweise ein bretonischer)
2 EL Butterschmalz
1 große, gehackte Zwiebel
1 gehackte Karotte
3 gehackte Schalotten
2 Knoblauchzehen
1 kleiner Estragonzweig
40 g frische Butter
3 EL Cognac
200 ml trockener Weißwein
2 geschälte Tomaten
½ TL Tomatenpüree
1 EL gehackte Petersilie
½ TL Zucker
Salz, Pfeffer
1 Prise Cayennepfeffer
Saft von ½ Zitrone

Variante:
Für den „Homard à la crème“ läßt man Zwiebeln und Tomaten weg und kocht den Fond am Schluß mit etwa ¼ Liter süßer Sahne zu einer sämigen Sauce ein.

Weinempfehlung:
Sauternes oder anderer gehaltvoller Weißwein

Homard à l'armoricaine
Einen großen Topf mit Wasser und dem Lorbeerblatt erhitzen. Den Hummer mit dem Kopf voran hineingeben. Etwa 1 Minute kochen lassen, dann vom Herd nehmen und etwa 3 Minuten stehen lassen. Den Hummer aus dem Sud nehmen. Die Scheren ablösen und anknacken. Den Schwanz des Hummers vom Kopf abtrennen und in vier Teile hacken. Den Kopf längs halbieren und den Beutel mit dem grießigen Inhalt entfernen. Die cremigen Teile des Kopfes und den Rogen für die Sauce aufheben. Die Hummerstücke im Butterschmalz unter ständigem Wenden 3 bis 4 Minuten anbraten.
Die Zwiebel, die Karotte, die Schalotten, den durchgepreßten Knoblauch und den Estragonzweig in 20 g Butter anziehen lassen. Die Hummerstücke zugeben. Mit 2 Eßlöffel Cognac ablöschen und nach Belieben flambieren. Den Wein zufügen und etwa 6 bis 7 Minuten zugedeckt leise schmoren lassen. Die Tomaten ausdrücken, klein würfeln und mit dem Tomatenpüree, der Petersilie und dem Zucker zugeben. Nochmals etwa 10 Minuten zugedeckt weitergaren. Die restliche Butter mit der Hummercreme aus dem Kopfteil und dem Rogen zu einer Paste verarbeiten. Die Hummerstücke warm stellen. Die Sauce durch ein feines Sieb drücken. Die Hummerbutter und den restlichen Cognac unter die Sauce schlagen. Mit Salz, Pfeffer und dem Cayennepfeffer abschmecken, wenig Zitronensaft zufügen und über dem Hummer anrichten.

Die Hummer aus der Bretagne gelten als die besten der Welt. Lebend sind sie schwarz. Die männlichen Hummer haben einen etwas gewölbteren Körper als die weiblichen.
Oft wird dieses Gericht auch „à l'américaine“ genannt. Kenner sagen, daß es aber gar nichts mit Amerika zu tun hat, außer daß es die Amerikaner gerne essen! Es soll sich um ein altes Rezept aus der Armorique, einem Teil der bretonischen Küste, handeln. Andere behaupten, das Rezept sei in der Provence entstanden, von einem Koch nach Amerika gebracht worden und dann wieder in die Bretagne gekommen. Wie dem auch sei, die Sauce ist sehr gut und der Cognac wird auch nicht weit von dort in der Charente hergestellt.

Aal in Kräutersauce
Hecht in Senfbutter

AAL IN KRÄUTERSAUCE
4 Aale zu je 350 g
½ Liter Weißwein
Salz
1 TL zerdrückte Pfefferkörner
100 g frische Butter
gehackte Kräuter:
4 EL Sauerampfer
2 EL Petersilie
1 EL Kerbel
1 TL Salbei
1 TL Pfefferminze
1 TL Bohnenkraut
1 EL Mehl
Saft von 1 Zitrone

Getränkeempfehlung:
Muscadet oder Bier

HECHT IN SENFBUTTER
Für 6 Personen
1 junger Hecht von etwa 1,2 kg
2 EL Butter
4 feingehackte Schalotten
¼ Liter Weißwein (Anjou oder Muscadet)
Salz
Pfeffer
½ TL englisches Senfpulver
100 ml süße Sahne
60 g Butterflocken

Weinempfehlung:
Weißer Anjou, Muscadet, Sancerre oder Saumur

AAL IN KRÄUTERSAUCE
Anguille au vert
Die Aale beim Kauf häuten und pfannenfertig zurichten lassen. In 4 cm lange Stücke schneiden. Den Fisch mit dem Wein, wenig Salz und dem Pfeffer aufkochen.
Etwa 50 g Butter in einen Topf geben und erwärmen. Die Kräuter und die Aalstücke zufügen und alles gut mischen. Mit dem Mehl bestäuben, umrühren und etwas andünsten, dann nach und nach den Kochsud der Fische zugeben. Nach 10 Minuten den Fisch herausnehmen und warm stellen. Den Sud mit Salz und Pfeffer abschmecken und sämig kochen. Die restliche Butter kleinschneiden und zusammen mit dem Zitronensaft beigeben. Mit einem Holzlöffel rühren, bis eine glatte Sauce entsteht. Nach Bedarf nachwürzen. Die Fischstücke in die Sauce geben, langsam erwärmen. Nicht mehr kochen lassen!

Diese Zubereitungsart stammt eigentlich aus Belgien. Seit über achtzig Jahren gehört dieses Rezept zu den bekannten Pariser Bistrogerichten. Vielleicht hat es einmal ein Flame in die Seine-Stadt gebracht, wo es offenbar Gefallen fand.

HECHT IN SENFBUTTER
Brochet à l'angevine
Den ausgenommenen Hecht in 3 cm dicke Scheiben schneiden. Diese in der Butter rasch beidseitig anziehen lassen. Die Schalotten zufügen und 1 bis 2 Minuten mitdünsten, dann mit dem Wein ablöschen. Die Fischstücke mit Salz und Pfeffer bestreuen und halb zugedeckt 5 Minuten ziehen lassen. Die Fischscheiben aus der Pfanne heben und warm stellen. Den Fischsud auf die Hälfte einkochen lassen. Das Senfpulver und die Sahne gut mischen und zufügen. Weiterkochen, bis die Sauce sämig wird. Die Butterflocken darunterrühren. Nachwürzen und über die Fischscheiben verteilen.

Dieses Rezept stammt aus der Zeit, als es in Maine und Loire noch viele Hechte gab. Sie wurden jung gefangen und, wie im Rezept beschrieben, in einer leichten Senfsauce angerichtet. In diesen Flüssen gab und gibt es auch noch heute, nur weniger natürlich, Alsen, Aale und Lachse. In Angers wird junger Hecht auch gerne ganz im Sud gekocht und mit „beurre blanc" (siehe Rezept S. 116) serviert.

Seesaibling mit weisser Buttersauce

Für den Sud:
300 ml Weißwein
1 in Rädchen geschnittene Karotte
1 grobgehackte Zwiebel
1 Zweig Thymian
1 Zweig Petersilie
½ Lorbeerblatt
Salz

Für die Buttersuce:
50 g gehackte Schalotten
2 EL Weißweinessig
4 EL trockener Weißwein
100 g frische Butter
2 EL süße Sahne
Salz
weißer Pfeffer

4 pfannenfertige Seesaiblinge zu je 250 g

Weinempfehlung:
Savoyer Weißwein oder Chardonnay, Chablis, Meursault oder Pouilly-Fuissé

Omble chevalier au beurre blanc
Für den Sud: Alle Zutaten zusammen 10 Minuten kochen und wieder erkalten lassen.
Für die Buttersauce: Die Schalotten, den Essig und den Weißwein einkochen, bis nur noch etwa 3 Eßlöffel Flüssigkeit vorhanden ist. Diese durch ein feines Sieb abgießen und dabei die Schalotten gut auspressen. Die Butter kleinwürfeln. Den Extrakt wieder erhitzen, die Sahne zugeben, aufkochen, dann die Temperatur reduzieren und die Butter nach und nach unter die Sauce schwingen. Mit Salz und Pfeffer abschmecken. Die Saiblinge in den inzwischen etwas abgekühlten Sud geben und langsam erhitzen, aber nicht kochen. Die Saiblinge 5 Minuten garen lassen, dann den Topf beiseite stellen. Die Fische anrichten und die Sauce separat dazu servieren.

In jeder Gegend von Frankreich lohnt es sich, kleine Abstecher weg von der Autobahn zu machen. So auch ein Ausflug zu einem schönen Savoyer See. Vielleicht an den Lac d'Annecy. Dann sollte man nicht versäumen, den köstlichsten aller Süßwasserfische, den etwas rar werdenden Seesaibling, zu genießen. Einen legendären Namen erwarb sich der Père Bise in Talloires bei Annecy nicht zuletzt wegen seinen subtilen Zubereitungen des „omble chevalier". Heute pflegen seine Nachkommen diese Spezialität weiter. Am besten schmeckt er blau gekocht, begleitet von der „beurre blanc", der delikaten Buttersauce, die auch an der Loire zu blaugekochtem jungem Hecht serviert wird. In der Normandie und in der Bretagne findet man diese Zubereitung für Seezungen, Steinbutt oder den Petersfisch. In Frankreich ist die Zubereitung der „beurre blanc" für Köche eine Selbstverständlichkeit. Anderswo haben Ungeübte oft Angst vor dieser Zubereitung. Wer die oben erwähnte Anleitung befolgt, wird damit keine Probleme haben. Kocht die Sauce zu stark ein, tritt die Butter wieder heraus. Dann genügt es, ein bißchen heißes Wasser oder Wein zuzufügen, und alles ist wieder „in Butter".

CHABLIS

Fischsuppe aus der Bretagne

Für 6 Personen

2 große Zwiebeln
3 dicke Lauchstangen (nur weißer Teil)
4 Karotten
4 Navets (kleine weiße Rüben) nach Belieben
3 EL Schweinefett oder Butter
5 Pfefferkörner
1 zerdrückte Knoblauchzehe
2 kleine Thymianzweige
1 Zweig Selleriekraut
2 Lorbeerblätter
1 Gewürznelke
Salz
6 mittelgroße Kartoffeln
2 kg Fische z.B. Seehecht, Meeraal, Seeteufel, Makrelen, Knurrhahn

Für die Vinaigrette:
2 EL feingehackte Schalotten
2 EL milder Rotweinessig
Salz
Pfeffer
4 EL Traubenkernöl oder anderes Salatöl
2 EL gehackte Petersilie oder Schnittlauch

12 dünne, getoastete Weißbrotschnitten

Weinempfehlung:
Savennières, Château de Chamboureau, weißer Graves oder Entre-Deux-Mers

Cotriade
Die Zwiebeln und den Lauch in sehr dünne Ringe schneiden. Die Karotten und die kleinen weißen Rüben in Rädchen schneiden und mit den Zwiebeln und dem Lauch im Schweinefett oder in der Butter anziehen lassen. Die Pfefferkörner mit dem Nudelholz leicht zerdrücken. Zusammen mit dem Knoblauch, dem Thymian, dem Selleriekraut, den Lorbeerblättern und der Gewürznelke dazugeben. Etwa 1 Liter Wasser zugießen und leicht salzen. Die Kartoffeln schälen, waschen und in 2 bis 3 mm dicke Scheiben schneiden. Die Fische schuppen, ausnehmen und die Köpfe entfernen. 2 bis 3 Fischköpfe und die Kartoffeln zur Suppe geben. Etwa 15 Minuten kochen. Die größeren Fische mitsamt den Gräten in Stücke schneiden. Die kleineren wie Makrelen und Knurrhähne ganz belassen. Den Fisch der Bouillon zufügen. Nochmals salzen und etwa 8 bis 10 Minuten bei schwacher Hitze ziehen lassen.
Für die Vinaigrette: Die Schalotten und den Essig mischen und mit Salz und Pfeffer abschmecken. Das Öl darunterschlagen und die Petersilie oder den Schnittlauch zugeben.
Die Fischköpfe entfernen. Die Fische und die Kartoffeln auf einer Platte anrichten und die Vinaigrette dazureichen. Die Suppe mit den Brotschnitten nach Belieben vor oder nach den Fischen servieren.

Die Cotriade ist die Bouillabaisse der Bretagne. Heute noch wird sie auf den Schiffen zubereitet und die Matrosen und Fischer essen die Suppe mit Brotscheiben zum Abschluß der Ausfahrt. Je nach Fang bereiten sie das Gericht oft mit den billigeren Fischsorten zu. In gewissen Restaurants gibt man der Suppe Muscheln zu und, wenn es ganz feudal zugehen soll, ab und zu Langusten oder Hummer. Ein Fischer gab mir den Rat, nebst den im Rezept genannten Sorten, nur zu einem Viertel fette Fische wie Makrelen, Aal oder Sardinen für diese Suppe zu verwenden. Der Name soll übrigens von den Holzstützen, den „cotrets" herstammen, die dem Kochkessel untergeschoben wurden. Nach einer anderen Version leitet er sich von „coterie", einem französischen Wort für Mannschaft, ab.

Nº 74231

Kabeljau in Apfelwein

2 große säuerliche Äpfel
200 ml Cidre (Apfelwein)
1 TL Zucker
4 EL Butter
800 g Kabeljau (Schwanzstück oder Rückenfilet)
100 ml Fleischbouillon
Butter für die Form
Salz
Pfeffer
200 ml süße Sahne
1 TL scharfer Senf, zum Beispiel Dijon-Senf
2 EL Calvados
30 g Butterflocken
½ TL gehackter Thymian
1 EL gehackte Petersilie

Tip:
Das Schwanzstück ist nicht gleichmäßig dick. Deshalb beim Garen im Ofen den schlankeren Teil mit etwas Folie abdecken, damit er langsamer gar wird. Der Fisch ist gar, wenn der dickere Teil milchig-weiß und fest ist.

Weinempfehlung:
Cidre oder leichter Weißwein

Cabillaud au cidre

Die Äpfel schälen, halbieren und entkernen. Die Apfelhälften von der gewölbten Seite her in Abständen von etwa 3 mm so einschneiden, daß sie unten noch zusammenhalten. Mit wenig Apfelwein beträufeln. Den Zucker in einer Bratpfanne hellbraun schmelzen. Etwa 2 Eßlöffel Butter zugeben, zerfließen lassen. Die Apfelhälften beidseitig in der Butter anziehen lassen. 1 bis 2 Eßlöffel Apfelwein zugeben und knapp weich garen. Den Kabeljau mit dem restlichen Apfelwein und der Fleischbouillon in einen Bräter geben. Zudecken, erhitzen und bei kleiner Hitze zugedeckt 5 Minuten garen. Den Kabeljau herausnehmen und häuten. Mit Küchenpapier abtupfen, in eine mit Butter ausgestrichene Form legen, salzen, pfeffern, die restliche Butter schmelzen und den Fisch damit begießen. Im vorgeheizten Backofen etwa 30 Minuten bei 180 °C braten. Den Sud durch ein feines Sieb gießen. Auf etwa 100 ml einkochen. Die Sahne zugeben und die Sauce sämig kochen. Die Äpfel zum Fisch geben. Etwa ½ Teelöffel Senf mit dem Calvados verrühren. Den Kabeljau damit bestreichen. Etwa 10 Minuten überbacken. Die Butterflocken unter die Sauce rühren. Mit Salz, Pfeffer, Thymian und dem restlichen Senf abschmecken. Den Fisch mit der Petersilie bestreuen und die Sauce separat dazu servieren.

Die Herstellung von Apfelwein ist seit der Antike bekannt. Sie wurde unter Karl dem Großen reglementiert und im 12. Jahrhundert etablierte sie sich in der Normandie und in der Bretagne, wo das Klima für die Apfelkultur sehr günstig ist. Für den Cidre werden sehr viele verschiedene Apfelsorten verwendet. Die Kunst des Kellermeisters besteht darin, eine harmonische Mischung aus süßen, sauren und oft auch leicht bitteren Apfelsorten zusammenzustellen. Manchmal werden auch einige Birnen zugefügt. Die Gärung, die ohne jeden fremden Zusatz abläuft, dauert ungefähr einen Monat. Während dieser Zeit wird der Cidre mehrmals geklärt, meistens zum Schluß pasteurisiert und mit wenig Kohlensäure angereichert. Lange Zeit war der Cidre ausschließlich ein Getränk. Inzwischen wird er von Hausfrauen und Köchen auch in der Küche gern verwendet.

CLOS
NORMAND
HERB

Marseiller Bouillabaisse

Für 6–7 Personen

2 Zwiebeln
1 Lauchstange
2 kleine Tomaten
150 ml Olivenöl
4 Knoblauchzehen
2 Lorbeerblätter
½ TL Fenchelsamen
1 Stück unbehandelte Orangenschale
1 Zweig Thymian
1 Zweig Bohnenkraut
2 kleine, entkernte, scharfe rote Pfefferschoten
Salz, Pfeffer
3 kg Mittelmeerfische (Drachenkopf, rot oder grau, Petersfisch, Wittling, Seeteufel, Knurrhahn, Stöcker)
1 Prise Safranfäden
6–7 dünne Scheiben vom Baguette (frz. Stangenweißbrot)

Für die Rouille:
2 kleine, scharfe rote Pfefferschoten
Salz
1 Prise Safran
4 Knoblauchzehen
40 g Brot ohne Kruste
2–3 EL Fischbouillon
1 Eigelb
100 ml Olivenöl

Weinempfehlung:
Weißwein aus Cassis oder Côtes de Provence

Bouillabaisse de Marseille
Die Zwiebeln in feine Streifen, den Lauch in feine Rädchen und die Tomaten in Viertel schneiden. Das Olivenöl erhitzen. Die Zwiebeln, die Tomaten und den Lauch im Öl leicht Farbe annehmen lassen. Den Knoblauch schälen und mit dem Messer zerdrücken. Mit den Lorbeerblättern, dem Fenchelsamen, der Orangenschale, dem Thymian, dem Bohnenkraut und den Pfefferschoten zufügen. Alles gut mischen, kurz weiterdünsten, dann mit Salz und Pfeffer abschmecken und abkühlen lassen. Alle Fische ausnehmen und gut waschen. Die Köpfe abschneiden und spalten, auf diese Art geben sie der Bouillon mehr Aroma ab. Die Flossen abschneiden und je nach Größe die Fische in Scheiben schneiden oder in Stücke teilen. Die Fische in die erkaltete Marinade geben und alles gut mischen. Etwa 4 bis 5 Stunden ziehen lassen. Die Fische mit der Marinade in einen Topf geben. Mit kaltem Wasser auffüllen bis etwa 2 cm unterhalb der Fische. Bei großer Hitze aufkochen lassen und 6 bis 8 Minuten sprudelnd kochen, dann die Hitze reduzieren. Den Safran beifügen und 8 bis 10 Minuten weitergaren. Inzwischen die Rouille (Rezept siehe unten) zubereiten und die Weißbrotscheiben toasten. Die Fische mit dem Schaumlöffel sorgfältig aus der Suppe nehmen und auf einer vorgewärmten Platte anrichten. Die Suppe passieren und, wenn nötig, nachwürzen. Die Brotscheiben nach Belieben in Suppen-teller legen und die heiße Fischbouillon daraufgießen. Die Fische werden gleichzeitig mit der Suppe gegessen. Die Rouille in die Suppe geben oder separat dazu servieren.

Rouille
Pfefferschoten längs halbieren, entkernen und in kleine Stücke schneiden. Mit Salz, Safran und dem geschälten, kleingeschnittenen Knoblauch im Mörser zu einer Paste verreiben. Brot zerkleinern und mit heißer Fischbrühe begießen, ausdrücken und mit dem Stößel unter die Paste arbeiten. Eigelb zufügen und das Öl unter ständigem Rühren nach und nach zugießen. Wenn nötig, mit wenig warmem Sud verdünnen.

1992

Gefüllter Drachenkopf

1 Drachenkopf
von etwa 2 kg
Salz, Pfeffer

Für die Füllung:
Leber des Fisches oder
50 g Geflügelleber
4 Jakobsmuscheln ohne
Rogen
2 küchenfertige Gambas
(große rote Krevetten)
100 g kleine, geschälte
Garnelen
150 g Seeteufel
1 Eiweiß
1 Lauchstange
(nur der weiße Teil)
5 EL Olivenöl
1 Bund feingeschnittener
Schnittlauch
1/8 Liter süße Sahne
Salz, Pfeffer
2 EL Cognac
2 große weiße Zwiebeln
1 kg reife Tomaten
200 ml Weißwein
1 Lorbeerblatt
1 Knoblauchzehe
1 Zweig Thymian
Salz, Pfeffer
1 Prise Zucker

Tip:
Man kann auch Brassen, gefüllt oder ungefüllt, auf diese Art zubereiten.

Weinempfehlung:
Rosé aus der Provence, z.B. Pétale de rose, Tibouren oder Tavel

Capoum farci à la mode de Guillaume

Den Fisch beim Kauf, wenn möglich, von den Kiemen her ausnehmen lassen. Innen und außen salzen und pfeffern.

Für die Füllung: Alle Zutaten, auch die Sahne, gut kühlen. Die Leber, die Jakobsmuscheln, die Gambas und die Garnelen in kleine Stücke schneiden. Den Seeteufel in Stücke schneiden und mit dem Eiweiß im Mixer pürieren. Den Lauch in feine Streifen schneiden und in 1 Eßlöffel Olivenöl knapp gar dünsten. Nach dem Erkalten mit den Meeresfrüchten, der Leber, dem pürierten Fisch und dem Schnittlauch gut mischen. Nach und nach die Sahne zufügen. Mit Salz und Pfeffer abschmecken. Diese Füllung durch die Kiemen in den Bauch einfüllen. Den Cognac mit hineingeben. Die Zwiebeln hacken und im restlichen Olivenöl anziehen lassen. Die Tomaten in Scheiben schneiden, hinzufügen und weiterdünsten, bis alle Flüssigkeit verdampft ist. In eine passende feuerfeste Form verteilen. Den Fisch darauflegen, den Wein, das Lorbeerblatt, den durchgepreßten Knoblauch und den Thymian zugeben und im vorgeheizten Ofen bei 220 °C 10 Minuten andünsten. Danach auf 160 °C zurückschalten, mit Aluminiumfolie locker zugedeckt 35 Minuten weitergaren lassen. Zum Anrichten den Fisch herausnehmen und im abgestellten, offenen Ofen warm halten. Die Sauce auf dem Herd stark einkochen. Die Kräuter entfernen. Mit Salz, Pfeffer und einer Prise Zucker abschmecken.

Wenn man der französischen Sprache mächtig ist, sollte man beim Einkaufen unbedingt mit den Einheimischen Gespräche führen. Man erfährt so viel Interessantes und bekommt eine Beziehung zum Land und seiner Bevölkerung. In den letzten Jahren verbrachte ich viel Zeit in der Provence und habe auch einige dieser liebenswürdigen Leute in mein Haus eingeladen, um mit ihnen zu kochen. So habe ich mich mit meinem Fischhändler Guillaume in Sainte-Maxime angefreundet. Ihm verdanke ich das Rezept des „capoum farci", dessen Füllung ich allerdings abänderte. Der Drachenkopf ist ein roter, grimmig aussehender Fisch mit großem Kopf. Durch seine schöne rote Farbe präsentiert er sich besonders gut.

Flussfisch in Rotwein

100 g Petit salé
(gepökelter Speck)
2 Karotten
3 Lauchstangen
(nur weißer Teil)
5 1/2 EL Butter
12 Perlzwiebeln
3 geschälte Knoblauchzehen
1 Zweig Selleriekraut
2–3 Petersilienzweige
1 Lorbeerblatt
1 kleine, scharfe rote Pfefferschote
700 ml kräftiger französischer Rotwein
1,5 kg kochfertige Süßwasserfische wie Aal, Karpfen oder Schleie
100 g geviertelte Champignons
Salz, Pfeffer
3 EL Cognac, nach Belieben
1 EL Mehl
2–3 Scheiben vom Baguette (frz. Stangenweißbrot)
Butter zum Rösten

Tip:
Man kann auch Fischfilets verwenden. Allerdings schmeckt die Matelote dann etwas weniger herzhaft.

Weinempfehlung:
Brouilly oder Fleurie

Matelote au vin rouge

Den Speck kleinwürfeln. Etwa 200 ml Wasser aufkochen, die Speckwürfel darin kurz abbrühen und abgießen. Die geschälten Karotten in Scheiben, den Lauch in Ringe schneiden. Etwa 2 Eßlöffel Butter erhitzen. In der Butter anziehen lassen. Die geschälten Zwiebeln, die ganzen Knoblauchzehen und den Speck hinzufügen. Gut wenden, dann das Selleriekraut, die Petersilie, das Lorbeerblatt und die Pfefferschote beigeben. Den Wein nach und nach dazugießen und bei offenem Topf einkochen lassen.

Die Köpfe von den Fischen abschneiden. Das Fischfleisch in große Stücke schneiden und mit den Köpfen in 2 Eßlöffel Butter kurz anbraten. Nach etwa 5 Minuten die Köpfe wieder herausnehmen und die Champignons beifügen. Mit Salz und Pfeffer bestreuen, 3 bis 4 Minuten weitergaren, mit dem Cognac begießen und flambieren.

Die Fischscheiben und die Champignons zur Sauce geben. Etwa 5 Minuten ziehen lassen. Das Mehl mit der restlichen Butter verkneten. Zur Sauce geben, gut umrühren und bei kleiner Hitze weiterkochen, bis die Sauce gebunden ist.

Die Brotscheiben würfeln, in Butter rösten und die Matelote damit garnieren.

Die Matelote hat ihren Namen von den Matrosen, den „matelots“. In Frankreich sollte man ein solches Gericht ja nicht als Ragout bezeichnen, ebensowenig als Fischsuppe, denn die Zubereitung geschieht nach gewissen Regeln, die nur für die Matelote gelten. Meistens wird dieses Gericht aus Flußfischen wie Aal, Hecht, Aalrutte, Schleie und anderen gekocht. Im Burgund nennt man dieses Gericht auch „pochouse“ und in der Normandie verwendet man dazu Seefische. Außerdem ersetzt man dort den Wein durch Cidre, also Apfelwein, und bindet die Sauce mit Sahne. Im Elsaß gehören auch Barsch und sogar Forelle dazu – und natürlich Elsässer Wein – und zum Binden Sahne und Eigelb.

Krebse im Sud

50 g Karotten
50 g Sellerie
1 Zwiebel
3–4 Petersilienzweige
1 Zweig Thymian
1 Lorbeerblatt
500 ml Weißwein
Salz
20 mittelgroße Flußkrebse (etwa 2 kg)

Tip:
Werfen Sie die Schalen nicht weg! Sie können damit eine Krebssuppe oder eine Krebssauce zubereiten.

Variante:
In Bugey werden vor dem Anrichten der Krebse noch 100 bis 200 g Butter und 2 bis 3 Eßlöffel gehackte Petersilie in den stark eingekochten Sud gegeben und als Sauce mitserviert.

Weinempfehlung:
Chablis, Mâcon oder Pouilly-Fuissé

Ecrevisses à la nage
Die Karotten und den Sellerie in sehr kleine Würfel und die Zwiebel in Streifen schneiden. In einen hohen Topf geben. Die Petersilienzweige, den Thymian und das Lorbeerblatt beifügen. Etwa 500 ml Wasser dazugießen und 30 Minuten kochen. Abkühlen lassen, den Wein zufügen und den Sud salzen. Den Sud aufkochen und die Krebse einzeln mit dem Kopf voran in die sprudelnde Flüssigkeit geben. Je nach Größe 2 bis 3 Minuten darin kochen. Den Sud abgießen oder die Krebse im Sud in einer vorgewärmten Suppenschüssel oder im Topf servieren.

Auch in Frankreich werden Krebse etwas rarer. Immerhin findet man sie noch in den ländlichen und bergigen Gegenden, wo es noch saubere Bäche und kleine Seen gibt. Die feinste und gesuchteste Sorte, die mit den „pattes rouges", den roten Füßen, gibt es noch in der Auvergne, in der Franche-Comté, in der Dauphiné und in der Umgebung von Nantua in der Bresse. Ihre Seltenheit ist nicht nur auf die Verschmutzung der Gewässer zurückzuführen, sondern auch auf Überfischung.

Krebse brauchen fünf bis sieben Jahre, um volle Größe und Qualität zu erreichen, aber die Nachfrage läßt sehr oft das Auswachsen gar nicht mehr zu. Am besten schmecken Krebse im Sud, wie im Rezept beschrieben. Je nach Gegend gibt es aber unzählige Variationen: in Aspik, mit Saucen überzogen und gratiniert, in Blätterteigpasteten mit Weinsauce, zu Mousse verarbeitet, als Garnitur zu Fischgerichten und, was sehr delikat ist, nach dem Kochen abgegossen, mit Kräutern bestreut, mit heißer Sahne begossen und nochmals kurz aufgekocht.
Krebse darf man ruhig mit den Fingern essen, wenn sie in der Schale serviert werden. Dann gehören Fingerschalen auf den Tisch. Leider muß vor dem Kochen der Darm der Krebse, ein kleiner brauner Faden, entfernt werden, der sonst dem Gericht einen bitteren Geschmack geben würde. Um diese Operation zu umgehen, kann man die Krebse vorher zwei Tage lang fasten lassen.

CH. ROUSSEAU
CHABLI

Calvados

Fleisch und Geflügel

ENTRECOTE NACH ART VON BORDEAUX

4 große Markknochen vom Rind
100 g gehackte Schalotten
1 EL Butter
300 ml roter Bordeaux
100 ml Kalbsfond
Salz
Pfeffer aus der Mühle
300 ml Fleischbrühe
2 doppelte Entrecôtes (Zwischenrippenstücke) zu je 350–400 g
1 EL Butterschmalz
40 g frische Butter
1 TL gehackte Petersilie

Weinempfehlung:
Am besten den Wein dazu servieren, der für die Zubereitung der Sauce gewählt wurde. Aber eventuell einen älteren Jahrgang.

Entrecôte à la bordelaise

Die Markknochen etwa 1 Stunde wässern. Die Schalotten 5 Minuten unter Wenden in der Butter dünsten. Die Hälfte davon herausnehmen, den Rest im Rotwein 15 Minuten kochen, passieren und den Wein mit dem Kalbsfond stark reduzieren. Mit Salz und Pfeffer abschmecken.

Die Brühe erhitzen. Die Markknochen hineingeben, aufkochen und beiseite stellen.

Die Entrecôtes insgesamt 12 bis 15 Minuten beidseitig im Butterschmalz braten, mit Salz und Pfeffer würzen, herausnehmen und warm stellen.

Die vorbereitete Reduktion in die Pfanne geben und nochmals ein wenig einkochen. Die frische Butter kleinschneiden, unter die Sauce schwingen und gut abschmecken. Das Mark vom Knochen lösen, in Scheiben schneiden und zusammen mit den restlichen Schalotten auf dem Fleisch verteilen. Die Sauce darübergeben und mit der Petersilie bestreuen. Als Beilage passen Bratkartoffeln, Pommes frites oder ein Kartoffelgratin.

Das ursprüngliche Rezept für das Entrecôte à la bordelaise war bestechend einfach. Das Fleisch wurde auf Rebholzglut gegrillt und mit einem Stück Butter und rohen, gehackten Schalotten belegt. Später wollte man es raffinierter und belegte es mit Rindermarkscheiben, bestreut mit Petersilie. Nun hat sich aber überall eingebürgert, es mit gedünsteten Schalotten und einer Rotweinsauce zu kombinieren. Es ist aber ein Irrtum zu glauben, daß diese Sauce unbedingt mit Rotwein zubereitet werden muß. Gastronomische Puristen sagen, daß das eigentliche Rezept Weißwein aus Bordeaux enthält.

Zur Steinpilzzeit im Herbst wird ein Entrecôte in Bordeaux gerne nach der einfachen, der allerältesten Façon gebraten. Dazu kommen dann die „cèpes à la bordelaise“. Dafür werden Steinpilze in dünne Scheiben geschnitten, ganz schnell in Olivenöl oder Butterschmalz „sautiert“, das heißt gebraten, und zuletzt mit gehackten, leicht angezogenen Schalotten, einer Spur Knoblauch und gehackter Petersilie bestreut.

Lammeintopf mit weissen Rüben

750 g Lammschulter
1 EL Butterschmalz
1 große, gehackte Zwiebel
2 reife, geschälte Tomaten
2 Knoblauchzehen
200 ml Weißwein
je 2–3 Petersilien- und Kerbelzweige
300 ml Fleischbrühe
Salz
Pfeffer
500 g Kartoffeln
500 g kleine weiße Rüben

Tip:
Anstelle der kleinen weißen Rüben, den „navets“, kann man auch gewöhnliche weiße Rüben verwenden, die in unseren Breitengraden eher zu finden sind. Sie benötigen allerdings eine etwas längere Kochzeit.

Weinempfehlung:
Crozes-Hermitage

Navarin
Das Fleisch in Würfel schneiden. Im Butterschmalz rundum anbraten, dann aus der Pfanne nehmen. Die Zwiebel im Bratenfond anziehen lassen. Die Tomaten kleinschneiden. Mit dem durchgepreßten Knoblauch zu der Zwiebel geben und 2 bis 3 Minuten mitdünsten. Mit dem Wein ablöschen und das Fleisch wieder hinzufügen. Petersilie und Kerbel, die Brühe sowie Salz und Pfeffer beigeben. Zugedeckt 1 Stunde bei kleiner Hitze garen lassen.
Die Kartoffeln schälen, je nach Größe ganz belassen oder halbieren. Die weißen Rüben ebenfalls putzen und in Rädchen schneiden. Beides zum Fleisch geben. Etwa 30 bis 40 Minuten weitergaren. Wenn nötig, etwas Brühe nachgießen. Die Gemüse sollen weich, aber nicht verkocht werden.
Vor dem Anrichten das Fleisch und das Gemüse aus der Kasserolle nehmen. Den Sud durch ein feines Sieb gießen. In den Topf zurückgeben und bis zur Hälfte einkochen lassen. Nach Bedarf nachwürzen. Das Fleisch und das Gemüse nochmals in der Sauce erwärmen.

Navarins werden in praktisch allen Gegenden Frankreichs zubereitet. Vor allem natürlich dort, wo es Schafe gibt. Denn in einen echten Navarin gehört neben Rüben eben auch Schaffleisch. Heute zieht man oft das Lamm vor, weil es geschmacklich neutraler ist. Seinen Namen soll das Gericht von den „navets“ haben. Diese kleine weiße Rübe vermag übrigens, das Lammfett zu absorbieren, weshalb sie auch meist in diesem Gericht verwendet wird. Dazu gesellen sich, vor allem im Frühjahr, junge Gemüse wie Karotten, grüne Erbsen, Zuckerschoten oder Bohnen. Fernande Allard, die Besitzerin des gleichnamigen Restaurants in Paris, stellt für dieses Gericht eigens einen hellen Fond her. Sie kocht ihn aus einem Markknochen, Hühnerklein, Karotten, Lauch und einer kleingeschnittenen Rübe. Die Kartoffeln werden in diesem Fond separat gekocht.

Hähnchen mit Senf-Käsesauce

1 großes Hähnchen von etwa 1,3 kg

Zum Bestreichen:
1 EL weiche Butter
3 EL Dijon-Weißweinsenf
1 TL Paprika edelsüß
Salz
weißer Pfeffer aus der Mühle

2 EL Butterschmalz
200 ml Weißwein
200 ml süße Sahne
1 TL Mehl
1 TL Butter
100 g geriebener Käse (Gruyère oder Comté)
Butter für die Form

Tip:
Man kann auch Kaninchen auf diese Art zubereiten.

Weinempfehlung:
Beaujolais oder leichter Burgunder

Poulet à la dijonnaise

Das Hähnchen in 8 Stücke teilen. Zum Bestreichen: Die Butter, 1 Eßlöffel Senf, Paprika, wenig Salz und Pfeffer mischen. Die Fleischstücke damit bestreichen und 1 Stunde im Kühlschrank ziehen lassen.
Dann die Hähnchenstücke im Butterschmalz rundum goldgelb braten. Den Bratenfond mit dem Wein lösen. Etwa 30 Minuten bei kleiner Hitze zugedeckt schmoren lassen. Die Hähnchenstücke herausnehmen und warm stellen. Die Sauce in eine kleine Pfanne gießen. Die Sahne zugeben und unter Rühren langsam erwärmen. Das Mehl und die Butter zu einer kleinen Kugel formen, mit dem Rest des Senfs in die Sauce geben und darin auflösen. Die Sauce vom Feuer nehmen und die Hälfte des geriebenen Käses darunterziehen. Die noch warmen Hähnchenstücke in eine gebutterte Auflaufform legen und mit der Sauce übergießen. Mit dem restlichen Käse bestreuen und 8 bis 10 Minuten im vorgeheizten Backofen bei 220 °C gratinieren. In der Form mit Salzkartoffeln, Kartoffelpüree oder Nudeln servieren.

Dijon ist für seinen Senf berühmt. Eines der ersten Rezepte aus dem Burgund war bereits im 4. Jahrhundert bekannt. Allerdings betrachtete man im frühen Mittelalter Senf als Heilmittel. Erst später wurde er dann zum Gewürz, das nach und nach in unzähligen Variationen hergestellt wurde. Flaniert man heute durch die Stadt Dijon, kann man ob dieser Vielfalt ins Schwärmen geraten und leicht über den Bedarf einkaufen. Auch sieht man wunderschöne antike Senftöpfe, die man gerne besitzen möchte. Als ich einmal zu später Stunde hungrig in dieser Stadt eintraf, fand ich mit Mühe und Not noch ein kleines Restaurant, dessen Wirt bereit war, mir noch etwas Warmes zu servieren. Er brachte mir das beste Hähnchengericht, das ich je gekostet hatte. Er nannte es nach einem kulinarisch engagierten Minister „poulet Gaston Gérard“. Und, wie konnte es anders sein, die Sauce war mit Senf zubereitet, und das Ganze zum Schluß mit etwas Käse überbacken. Ich versuchte, es zu Hause nachzukochen – und es gelang. Hier ist das Rezept.

BEAUJOLAIS
PISSE-DRU
DE
1851
NOÉMIE VERNAUX
BEAUJOLAIS

Gefüllte Wachteln mit Trauben

4 Wachteln

Für die Füllung:
1 feingehackte Schalotte
3 EL Butter
50 g Weißbrot
Lebern der Wachteln oder
50 g Geflügelleber
1 EL Cognac
100 g gehacktes Geflügelfleisch
1 Ei
Salz, Pfeffer, Thymian
50 g Foie gras (Gänseleber)
Salz
Pfeffer
100 ml Weißwein
250 g weiße und rote Trauben

Varianten:
Die Wachteln lassen sich auch kalt servieren oder sulzen. Dazu Fertigsülze nach Anweisung zubereiten und die Wachteln nach dem Erkalten mit einer dünnen Sulzschicht überziehen. Die restliche Sülze würfeln und dazu servieren.
Oder man brät die Wachteln ungefüllt und umwickelt jede mit einer dünnen Speckscheibe.

Weinempfehlung:
Côtes du Rhône, z.B. Hermitage oder Cornas

Cailles farcies aux raisins
Die Wachteln vom Rücken her ausnehmen lassen, ohne die Haut zu verletzen. Auch am Hals die Haut unversehrt lassen.
Für die Füllung: Die Schalotte in 1 Eßlöffel Butter anziehen lassen. Das Brot in etwas Wasser einweichen. Die Schalotte, das gut ausgedrückte Brot, die Lebern und den Cognac in den Mixer geben und pürieren. Mit dem Geflügelfleisch und dem verquirlten Ei gut mischen. Mit Salz, Pfeffer und dem Thymian würzen. Die Wachteln mit der Masse locker füllen. Die Gänseleber in vier Stücke schneiden und jeweils in die Mitte der Füllung stecken. Die Wachteln mit Küchenfaden zunähen. Etwa 1½ Eßlöffel Butter in einer Bratkasserolle im Ofen bei 220 °C erhitzen. Die Wachteln darin allseitig anbraten. Mit Salz und Pfeffer bestreuen. Mit gebuttertem Pergamentpapier abdecken und 15 Minuten weiterbraten. Aus dem Ofen nehmen und warm stellen. Den Faden entfernen. Den Bratenfond mit dem Weißwein stark aufkochen. Die Trauben in der Butter rasch anziehen lassen. Zu den Wachteln geben. Den Bratensaft separat servieren oder über die tranchierten Wachteln verteilen.

Wachteln sind Zugvögel. Früher ließen sie sich im Flachland in Frankreich von April bis Oktober nieder, heute sieht man sie nur noch selten. Dafür gibt es nun Wachtelzuchten, vor allem in der Bresse, wo Arten aus fernöstlichen Gebieten nach allen Regeln der Kunst aufgezogen werden. Das Fleisch der gezüchteten Wachteln ist sehr zart, aber natürlich nicht so aromatisch wie das der wilden Arten. Eine Wachtel wiegt zwischen 150 und 200 Gramm. Die fleischigsten kommen aus den Dombes, einem Landstrich im Burgund, der zwischen der Rhône, der Saône und dem Ain liegt. Wachteln werden in Frankreich vielerorts ähnlich wie die ebenfalls rar gewordenen Rebhühner zubereitet, und zwar gebraten, gefüllt, mit und ohne Saucen serviert. Neuerdings sind bereits entbeinte Wachteln erhältlich, die sich besonders gut zum Füllen eignen. Sehr beliebt sind auch die kleinen Wachteleier, die vor allem als Garnitur für Salate und Hors-d'œuvres verwendet werden.

Baeckeofe

Für 8 Personen

500 g Schweinefleisch (Hals oder Schulter)
500 g Lammschulter
500 g Rinderbrust

Für die Marinade:
700 ml Sylvaner
2 Zwiebeln
1 Lauchstange
2 Knoblauchzehen
1 Petersilienzweig
1 Zweig Selleriekraut
1 Lorbeerblatt

50 g Gänse- oder Schweineschmalz für die Form
1 kg Kartoffeln
2 Zwiebeln
1 kleingeschnittenes Schweineschwänzchen
1 Schweinsfüßchen nach Belieben
2 EL gehackte, gemischte Kräuter (Estragon, Basilikum, Kerbel, Petersilie)
Salz
Pfeffer

Tip:
Baeckeofe macht man immer für eine größere Tischrunde, aufgewärmt ist er sogar noch besser.

Weinempfehlung:
Elsässer Sylvaner oder Riesling

Elsässer Eintopf
Das Fleisch in große Würfel schneiden.
Für die Marinade: Den Wein, die feingeschnittenen Zwiebeln, den geschnittenen Lauch, den durchgepreßten Knoblauch, die Petersilie, das Selleriekraut und das Lorbeerblatt in eine Schüssel geben und das Fleisch damit mischen. Etwa 24 Stunden im Kühlschrank zugedeckt marinieren.
Eine große ofenfeste Keramikterrine oder einen Römertopf mit dem Schmalz ausstreichen. Die Kartoffeln schälen und in etwa 2 mm dicke Scheiben, die Zwiebeln schälen und in Streifen schneiden. Eine Lage Kartoffeln in die Terrine legen. Die Fleischstücke daraufgeben. Das in Stücke geschnittene Schwänzchen und den zerteilten Schweinsfuß zugeben. Mit den Zwiebeln und den Kräutern bedecken. Die restlichen Kartoffelscheiben darüber verteilen. Jede Lage mit etwas Salz und Pfeffer bestreuen. Mit der passierten Marinade begießen. Die Terrine mit einem Teig aus Mehl und Wasser oder mit Aluminiumfolie gut verschließen und 2 Stunden im Backofen bei 180 °C schmoren lassen. In der Form servieren.

Der Baeckeofe ist eine ganz typische elsässische Spezialität. Lange Zeit war er, neben der reichlich garnierten Sauerkrautplatte, ein Sonntags- und Festgericht, das auch zur Weinernte auf den Tisch gebracht wurde. Vielerorts allerdings, vor allem in Eguisheim, wurde er von den Hausfrauen am Sonntag nur vorbereitet. Die Terrine wurde gegen Abend zum Bäcker gebracht, um das Gericht dort im Backofen garen zu lassen, weil Montag nämlich Waschtag war. Das brävste Kind der Familie durfte dann am Montagmittag die Terrine wieder abholen. Dies war eine Entlastung der Hausfrau und gleichzeitig ein stärkendes Essen zum Wochenbeginn. Dem Bäckerofen verdankt das Gericht übrigens auch seinen Namen.
Dieses Rezept enthält drei Fleischsorten und zusätzlich Schwänzchen und Füßchen vom Schwein. Es gibt im Elsaß aber auch einfachere Varianten, die nur Schweine- und eventuell Lammfleisch enthalten.

ALSACE
APPELLATION
TRIM

Poularde mit Trüffeln in der Schweinsblase

Für 6 Personen

2–3 schwarze Trüffeln in Scheiben
6 EL Madeira oder halb Portwein und halb Cognac
1 Schweinsblase
Salz
etwas Essig
1 Poularde aus der Bresse von etwa 2 kg
Pfeffer
2 kleingeschnittene Karotten
1 kleingeschnittene Lauchstange
1 Stück kleingeschnittener Sellerie
2 kleingeschnittene Navets (kleine weiße Rüben)
1 kleine, halbierte Zwiebel, gespickt mit ½ Lorbeerblatt und 1 Gewürznelke
⅛ Liter Hühnerbrühe

Tip:
Die Schweinsblase läßt sich durch eine Bratfolie in Schlauchform ersetzen.

Weinempfehlung:
Moulin-à-Vent

Poularde truffée en vessie
Die Trüffeln mit dem Madeira oder dem Portwein und dem Cognac mindestens 1 Stunde marinieren. Die Schweinsblase in gesalzenes Essigwasser einlegen. Den Hals der Poularde so abschneiden, daß etwas Haut übersteht. Die Flügelspitzen abhacken. Die Poularde mit der Brust nach oben auf den Tisch legen. Mit den Fingern unter die Haut fahren und diese sorgfältig lösen, auch an den Schenkeln. Die Trüffelscheiben abtropfen lassen und unter die Haut verteilen. Die Marinade aufheben. Die Poularde salzen, pfeffern und am Hals mit Küchenfaden zunähen. Schenkel und Flügel an den Körper binden. Die Poularde in die Schweinsblase geben. Mit der Öffnung nach oben in einen Topf stellen. Karotten, Lauch, Sellerie, Rüben, die gespickte Zwiebel, die Hühnerbrühe und die Trüffelmarinade hineingeben. Zubinden und mit einer Nadel etwa zehn Mal einstechen. Die Blase etwa 1¼ Stunden in gesalzenem Wasser bei kleiner Hitze ziehen lassen, dann herausnehmen und öffnen.
Den Saft auffangen, auf die Hälfte einkochen und passieren.
Die tranchierte Poularde damit begießen.

Die Poularde en vessie habe ich, auf diese Art zubereitet, in Louhans in der Bresse gegessen. Die Köchin fand, daß es schade wäre, diese kostbare Poularde wie Siedfleisch in Wasser zu kochen. In der Schweinsblase wird sie mit wenig Flüssigkeit praktisch im eigenen Saft sanft gegart, behält auf diese Art ihr köstliches Aroma und läßt dabei die Trüffeln zur Geltung kommen. Früher verwendete man die Schweinsblasen auch als Behälter für ausgelassenes Schweinefett oder sie dienten, mit Luft gefüllt, den Metzgern als Aushängeschild. Die Poularde en vessie war eine Spezialität des sehr bekannten, leider inzwischen verstorbenen Fernand Point in Vienne, wo ich sie auch einmal kosten konnte.

Sauerkraut nach Elsässer Art

Für 6–8 Personen

1,5 kg Sauerkraut
1 gepökelte Schweinshaxe von etwa 600 g
600 g gepökelter Schweinehals
300 g gepökelter Speck
300 g geräucherter Speck
50 g Gänseschmalz
1 große, gehackte Zwiebel
2 Knoblauchzehen
6 Wacholderbeeren
1 Lorbeerblatt
1/4 Liter Elsässer Riesling oder Edelzwicker
3 Schweinswürste

Tip:
Aus gesundheitlichen Gründen empfiehlt es sich, gepökeltes und geräuchertes Fleisch, bevor man es zum Sauerkraut gibt, in Wasser vorzukochen.

Weinempfehlung:
Elsässer Sylvaner oder Riesling

Choucroute à l'alsacienne
Das Sauerkraut etwa 10 Minuten in kaltes Wasser legen, dann herausnehmen und zwischen den Händen gut ausdrücken. Die Schweinshaxe, den Schweinehals und die beiden Specksorten in kochendes Wasser geben und etwa 1/2 Stunde darin leise ziehen lassen. Das Gänseschmalz in einem hohen Topf erhitzen. Die Zwiebel zufügen und unter Rühren anziehen lassen. Den feingehackten Knoblauch zugeben und kurz mitdünsten. Die Hälfte des Sauerkrauts locker zufügen. Die Fleischstücke, gut abgetropft, darauflegen und mit dem restlichen Sauerkraut zudecken. Die Wacholderbeeren und das Lorbeerblatt beigeben und mit dem Wein und 3 bis 4 Eßlöffel Wasser begießen. Die Schweinswürste separat 20 Minuten in Wasser ziehen lassen. Mit dem Fleisch auf dem Sauerkraut anrichten und mit Salzkartoffeln servieren.

Das reich garnierte Sauerkraut ist eines der Paradepferde der elsässischen Küche. Es wird meistens wie im Rezept beschrieben garniert. Allerdings mit Würsten, die bei uns selten erhältlich sind. Die „saucisses de Montbéliard" und die kleineren „saucisses de Strasbourg" zum Beispiel. Das Sauerkraut nach Elsässer Art ist in ganz Frankreich verbreitet. Jede Brasserie, die etwas auf sich hält, serviert dieses Gericht auf ihre Art. Berühmt dafür sind zum Beispiel in Paris die Brasserien Lipp und Hansi. In Paris gibt es außerdem einen Elsässer namens Baumann, der einige Brasserien besitzt und das Sauerkraut mit Räucherfischen garniert. Der Pökel- und Rauchgeschmack bleibt damit erhalten, aber Fische sind eben viel leichter und bekömmlicher als Schweinefleisch. Außerdem schmecken diese Kombinationen erstaunlich gut. Übrigens ist diese Idee nicht neu. Auch im Elsaß garniert man ab und zu das Sauerkraut mit Heringen – oder auch mit Schnecken.

Heureuse
par Hansi

Grünes Huhn

Für 6 Personen

Salz
2 Markknochen vom Rind
1 großer frischer Wirsing
1 altbackenes Brötchen (etwa 100 g)
2 Zwiebeln
2 Knoblauchzehen
1 EL Butterschmalz
2 EL gehackte Petersilie
1 Ei
Salz, Pfeffer
Thymian, Majoran
600 g Hackfleisch vom Schwein
2 Liter Fleischbrühe
250 g gepökelter Speck oder Schweinefleisch
6 Karotten
2 Kohlrabi
1 Stück Sellerie
1 Lauchstange
6 Pfefferkörner

Tip:
Man kann das Grüne Huhn auch in Alufolie einwickeln, auf ein Blech legen und im Ofen bei einer Temperatur von 220 °C etwa 60 Minuten schmoren.

Weinempfehlung:
Côtes du Rhône, z.B. Hermitage, Châteauneuf-du-Pape

Poule verte

Etwa 2 Liter Salzwasser zum Kochen bringen. Die Markknochen zugeben. Die Wirsingblätter vom Strunk lösen, dazugeben und etwa 10 Minuten vorkochen. Abgießen und sofort kalt abspülen. Das kleingeschnittene Brötchen in heißes Wasser einlegen. 1 Zwiebel hacken, 1 Knoblauchzehe durchpressen, beides zusammen im Butterschmalz anziehen lassen. Die Petersilie zugeben. Etwa 1 bis 2 Minuten mitdünsten. Das Brötchen gut ausdrücken, mit dem ausgelösten Rindermark, dem Ei, Salz, Pfeffer, dem Thymian und dem Majoran unter das Hackfleisch mischen. Die vorgekochten Wirsingblätter leicht übereinander auf dem Tisch auslegen. Die Fleischmasse in Form einer Rolle daraufgeben. Sorgfältig einpacken und zu einem länglichen Laib formen. Mit Küchenfaden wie einen Braten binden. Die Brühe erhitzen, den Speck oder das Schweinefleisch hineingeben, 20 Minuten zugedeckt kochen. Abschäumen, die geschälten Karotten, den Kohlrabi, den Sellerie, den Lauch, die restliche Zwiebel, den restlichen Knoblauch, die Pfefferkörner, die restlichen Wirsingblätter und das Grüne Huhn zugeben. Zugedeckt etwa 45 Minuten auf kleinem Feuer garen.
Die Poule verte in Scheiben schneiden, und das Gemüse mit dem Speck oder dem Fleisch dazulegen. Die Brühe als Suppe vorher essen oder für den nächsten Tag aufbewahren und zusammen mit dünnen, getrockneten Brotscheiben servieren.

Dies ist ein altes Rezept aus der Gegend von Albi. Es stammt aus der Zeit, als selbst am Sonntag nicht jeder Bauer ein Huhn im Topf haben konnte. So versuchte man mit dem, was man hatte, ein festliches Gericht zu zaubern. Toulouse Lautrec, der berühmte Maler, wurde 1864 in einem feudalen Haus in dieser mittelalterlichen Stadt geboren. Sein Geburtshaus ist heute Museum und allemal eine Besichtigung wert. Toulouse Lautrec interessierte sich fürs Kochen und hinterließ ein Rezeptbuch mit dem Titel „La cuisine de Monsieur Momo“. Von ihm stammt auch die Poule verte.

Kaninchen mit Zwetschgen

Für 6 Personen

Für die Marinade:
1 Karotte
1 Stück Sellerie
1 Zwiebel
2 Petersilienzweige
6 Pfefferkörner
1 kleiner Zweig Thymian
1 Lorbeerblatt
2 Gewürznelken
600 ml Weißwein
50 ml Weißweinessig

1 Kaninchen von etwa 1,5 kg, in Rücken und Schenkel zerteilt
1 EL Butterschmalz
150 g Dörrzwetschgen
5 EL Armagnac
100 g Perlzwiebeln
1 TL gehackter Thymian
2 TL Senf
1 EL Johannisbeergelee
Salz
1 Prise Cayennepfeffer
30 g Butter

Weinempfehlung:
Saint-Emilion

Lapin aux pruneaux

Für die Marinade: Karotte, Sellerie und Zwiebel grob hacken und zusammen mit den Gewürzen, dem Wein, dem Essig und dem Fleisch in eine Schüssel geben. Etwa 24 Stunden kühl stellen. Die Fleischstücke abtrocknen und im Butterschmalz anbraten. Die Marinade passieren. Die Zwetschgen in Armagnac einlegen. Die Perlzwiebeln zum Fleisch geben und leicht anbraten. Etwa 400 ml Marinade zugeben und 30 Minuten schmoren lassen. Die Zwetschgen mit dem Armagnac zugeben und etwa 20 Minuten weiterkochen. 2 bis 3 Zwetschgen herausnehmen und mit 50 ml Sauce im Mixer pürieren. Das Fleisch und die Zwiebeln herausnehmen und warm stellen. Das Püree in die Sauce einrühren und sämig einkochen. Mit dem Thymian, dem Senf, dem Gelee, Salz und Cayennepfeffer pikant abschmecken. Die Butter stückweise unter Rühren zufügen. Die Sauce über das Fleisch geben.

Dieses Rezept stammt aus der Gascogne, der Heimat des Armagnacs, wo man Geflügel- und Hasengerichte gerne einen Schuß dieses edlen Getränks zugibt, um sie abzurunden. Der Armagnac entstand im 17. Jahrhundert und wird aus Weißweinen gebrannt, zum Beispiel Picpoul, Saint-Emilion, Jurançon und Colombard. Den farblosen, jungen Armagnac läßt man in Eichenfässern altern, wodurch er seine schöne Amberfarbe und sein spezielles Aroma bekommt. Armagnac gibt es in verschiedenen Altersstufen, die auch auf den Preis einen großen Einfluß haben.
Die Einheimischen in der Gascogne trinken den Aramagnac auch gern jung. So offerierte mir André Daguin in seinem Hôtel de France diesen Branntwein als Digestif im typischen, konisch geformten Schnapsglas, das man nicht auf dem Tisch abstellen kann. Man muß es in einem Zug austrinken, so ist es Brauch. Besonders empfiehlt sich dieses Gläschen nach einem üppigen Mahl, wie es in der Gegend gerne serviert wird.

Kalbssteaks mit Roquefortsauce

40 g Roquefort
40 g Butter
Pfeffer aus der Mühle
1 EL Cognac
4 Kalbskoteletts oder Kalbssteaks à 150 g
Salz
1 EL Butterschmalz
2 EL Weißwein
200 ml süße Sahne
Butter für die Form

Tip:
Nach dem Gratinieren mit Walnußkernen oder gerösteten Haselnußscheiben bestreuen.

Weinempfehlung:
Saint-Emilion

Côtes de veau au Roquefort
Den Roquefort mit einer Gabel zerdrücken. Die bei Küchentemperatur weich gewordene Butter damit gut vermengen. Mit viel Pfeffer aus der Mühle und dem Cognac mischen. Die Fettschicht am Rand der Kalbskoteletts oder der Steaks leicht einschneiden, damit sie sich beim Braten nicht zusammenziehen. Das Fleisch salzen und beidseitig rasch im Butterschmalz anbraten. Aus der Pfanne nehmen und warm stellen. Den Bratenfond mit dem Weißwein gut lösen und etwas einkochen lassen. Die Sahne zufügen. Eine Gratinform oder 4 feuerfeste Förmchen mit der Butter ausstreichen. Die Fleischstücke hineingeben und mit der Sahnesauce begießen. Im vorgeheizten Backofen bei 220 °C 5 bis 10 Minuten überbacken. Kurz aus dem Ofen nehmen. Mit der Roquefort-Mischung belegen und nochmals in den Ofen schieben, bis der Käse zerlaufen ist. Sofort in der Form servieren. Dazu paßt Kartoffelpüree.

Der Roquefort wird nach jahrhundertealter Tradition aus Sauermilch vom Schaf und dem Pilz von Roggenbrot, der nur in Roquefort gedeiht, hergestellt. Der Pilz wird der Milch in pulverisierter Form beigefügt, man läßt sie zehn Tage im Keller ruhen und dann erst kommt das Ganze in die „caves“, die einer Krypta ähnlichen Höhlen des Mont Combalou. Zuvor wird, um die Schimmelbildung zu fördern, der Käselaib hundertmal eingestochen und auf Eichenholzgestelle gelegt. Je nach Saison und der Herkunft der Milch verlangt er mehr oder weniger Feuchtigkeit und entsprechende Reifezeit. Nach 20 bis 25 Tagen hat sich die blaue Äderung gebildet. Danach muß der Käse, in Alufolie eingepackt, noch drei bis vier Monate nachreifen. Kein Wunder, daß auch die Köche diesen aromatischen Käse schätzen. Sie bereiten damit Saucen zu, die vor allem gut zu Kalbfleisch passen. Eine besonders gute Roquefortsauce habe ich bei André Daguin im Hôtel de France in Auch in der Gascogne gegessen. Ich habe in diesem Rezept versucht, sie nachzukochen.

Coq au vin

1 Hähnchen von etwa 1,4 kg mit Hals und Innereien
12 Perlzwiebeln
100 g frische Champignons
80 g magerer Speck
1 Karotte
2 EL Butter
1 Zweig Selleriekraut
2–3 Petersilienzweige
1 Lorbeerblatt
1 TL gehackter Thymian
1 Knoblauchzehe
450 ml kräftiger Rotwein, z.B. Burgunder
100 ml Hühnerbouillon
3 EL Cognac
Salz, Pfeffer, Muskatnuß
40 g frische Butter nach Belieben

Tip:
Dieses Gericht läßt sich sehr gut am Vortag zubereiten. Es wird durch das Stehenlassen in der Sauce noch schmackhafter. Allerdings empfiehlt es sich, in diesem Fall die Kochzeit etwas zu reduzieren, da das Fleisch beim Aufwärmen weitergart.

Weinempfehlung:
Roter Burgunder, z.B. Côte-de-Nuit

Hähnchen in Rotweinsauce
Das Hähnchen in 8 Stücke teilen. Die Perlzwiebeln schälen. Die Champignons putzen und vierteln. Den Speck in feine Streifen schneiden, die Karotte schälen und in Scheiben schneiden.
Die Hähnchenstücke in der Butter anbraten, dann aus der Kasserolle nehmen. Den Speck, die Perlzwiebeln und die Champignons im Bratenfond anziehen lassen. Nach 5 Minuten herausnehmen. Das Fleisch wieder in die Pfanne geben, die Karottenscheiben, das Selleriekraut, die Petersilie, das Lorbeerblatt, den Thymian und den durchgepreßten Knoblauch zufügen. Kurz mitdünsten. Mit der Hälfte des Weins ablöschen. Aufgedeckt 10 Minuten köcheln lassen. Die Bouillon zugeben und zugedeckt 15 Minuten schmoren. Den Speck, die Perlzwiebeln und die Champignons wieder beifügen. Etwa 5 Minuten mitkochen. Die Hähnchenstücke herausnehmen und warm stellen. Den restlichen Wein zur Sauce geben und bis zur Hälfte einkochen lassen. Mit dem Cognac, Salz, Pfeffer und Muskatnuß abschmecken. Nochmals etwas einkochen lassen. Nach Belieben die frische Butter kleinschneiden und unter die Sauce rühren. Auf dem Fleisch anrichten.
Als Beilage passen Nudeln oder Salzkartoffeln. Man kann den Coq au vin auch mit Knoblauchcroûtons garnieren.

Ein bekannter Küchenchef aus Frankreich, Fachlehrer und Mitglied der Académie Culinaire de France, schenkte mir vor Jahren ein kleines Büchlein, das er verfaßt hatte. Er war darin der Geschichte des Coq au vin nachgegangen und hatte über 50 Rezepte für dieses Gericht gesammelt. In seinem kleinen Werk steht, daß viele Regionen Frankreichs sich darum streiten, die Heimat dieser Spezialität zu sein. Er aber fand heraus, daß der Coq au vin aus der Auvergne stammt. Dies gehe aus dem Rezept eines „Maistre Bertrand" hervor, das in der Auberge du Temple de Mercure auf dem Gipfel des Puy de Dôme aufgefunden wurde. In Altfranzösisch wird darin beschrieben, wie der „coq" erstmals mit dem Vin de Chanturgue zubereitet wurde. Auch heute noch kann man feststellen, daß jede Weingegend ihr Hähnchen in Weinsauce hat.

en France
048 67 280 370

Lammkeule mit Rosmarin

1,2 kg Lammkeule mit Knochen
2–3 EL Rosmarinnadeln
Salz
schwarzer Pfeffer aus der Mühle
2 EL Olivenöl
2 Karotten
1 Zweig Selleriekraut
2 Tomaten
1 Lorbeerblatt
2 ungeschälte Knoblauchknollen
250 ml Weißwein

Tip:
Zum Spicken des Fleisches starke Rosmarinnadeln oder getrocknete verwenden, damit sie in das Fleisch gesteckt werden können.

Weinempfehlung:
Bandol

Gigot d'agneau au romarin
Die Keule in Abständen von etwas 2 bis 3 cm mit der Spicknadel einstechen. In jede kleine Öffnung eine Rosmarinnadel stecken, Fleisch mit Salz und Pfeffer bestreuen. Die Keule in Olivenöl im Backofen bei 180 °C langsam auf allen Seiten anbraten. Die Karotten, das Selleriekraut, die halbierten Tomaten und das Lorbeerblatt hinzufügen. Die Knoblauchknollen quer halbieren, ungeschält, mit der Schnittfläche nach unten, beigeben und mit dem Fleisch 45 bis 50 Minuten braten. Nach und nach den Wein beigeben. Das Fleisch bei offener Türe des abgestellten Ofens etwa 10 Minuten ruhen lassen. Den Bratensatz mit 3 bis 4 Eßlöffel Wasser lösen, stark aufkochen und in einer Saucière anrichten. Das tranchierte Fleisch mit etwas Fleischsauce beträufeln. Die Karotten halbieren und mitservieren. Das Knoblauchpüree aus der Schale drücken. Durch das Schmoren hat der Knoblauch seinen aggressiven Geschmack verloren und schmeckt wunderbar zum Lamm.

In Frankreich gibt es Gegenden, wo besonders hervorragendes Lamm produziert wird. Eine davon ist die Haute-Provence in der Nähe von Sisteron. Diese Lämmer sind von früh bis spät auf den nach Kräutern duftenden Weiden unterwegs. Mit dem Gras fressen sie auch die wild wachsenden Provencekräuter wie Majoran, Thymian, Bohnenkraut und viele andere. So wird ihr Fleisch auf natürliche Art parfümiert. Das beste Lamm meines Lebens habe ich vor sieben Jahren im Restaurant von Monsieur Gleize in Château-Arnoux gegessen. Ein Familienbetrieb, der heute vom Sohn des Hauses im gleichen Sinne weitergeführt wird. Natürlich verlangt auch qualitativ hervorragendes Lamm eine fachgerechte Zubereitung. Es muß mit Sorgfalt „à point“ oder „saignant“ gebraten werden. In Frankreich liebt man Lammfleisch blutig, und so tut man gut daran, beim Bestellen darauf hinzuweisen, daß man es nicht gar so rot haben möchte.

Huile
Olives

Ochsenbrust nach Art von Arles

Für 6 Personen

Salz, Pfeffer
1 Zwiebel, gespickt mit
1 Lorbeerblatt und
1 Gewürznelke
2 Knoblauchzehen
1 Lauchstange
1 Zweig Stangensellerie
2 Karotten
1 Petersilienzweig
1,2 kg magere Ochsenbrust

Für die Sauce:
4 Sardellenfilets
100 g junger Spinat
4 EL gehackte gemischte Kräuter (Basilikum, Majoran, Rosmarin, Salbei)
1/4 TL Fenchelkörner
1 TL gehacktes Bohnenkraut
2 EL Kapern
2 Cornichons
4 Petersilienzweige
3 hartgekochte Eier
4 EL Olivenöl
1 EL Weinessig
Salz, Pfeffer
1 durchgepreßte Knoblauchzehe

Tip:
Die Eiweiße können feingehackt der Sauce beigefügt werden.

Weinempfehlung:
Vin des Sables (Rosé aus Sète)

Poitrine de bœuf aux herbes
Etwa 2 Liter Wasser mit Salz, Pfeffer, der geschälten und gespickten Zwiebel, den ungeschälten Knoblauchzehen, der geputzten, halbierten Lauchstange, dem Stangenselleriezweig, den geschälten Karotten und dem Petersilienzweig aufkochen. Das Fleisch hineingeben und zugedeckt 2 bis 2 1/2 Stunden kochen. Von Zeit zu Zeit abschäumen und, wenn nötig, Wasser nachgießen, damit das Fleisch immer bedeckt ist.
Für die Sauce: Die Sardellenfilets 15 Minuten in kaltes Wasser legen. Den Spinat waschen, abtropfen lassen und mit 3 bis 4 Eßlöffel Brühe von der Ochsenbrust aufkochen. Die Kräuter, die Fenchelkörner und das Bohnenkraut zugeben und den Topf vom Feuer nehmen. Den Spinat mit den Kräutern abgießen und mit dem Wiegemesser fein hacken. Die Kapern, die Sardellenfilets, die Cornichons und die Petersilie ebenfalls hacken. Die Eier halbieren, das Eigelb herausnehmen und durch ein Teesieb in eine Schüssel drücken. Das Öl unter Rühren langsam zugeben wie bei der Zubereitung einer Mayonnaise. Die Kapern, die Petersilie, den Spinat mit den Kräutern, die Sardellen und die Cornichons zufügen. Alles gut mischen. Mit dem Essig, Salz, Pfeffer und dem Knoblauch abschmecken. Die Ochsenbrust warm oder kalt in Tranchen schneiden. Wenn das Fleisch kalt aufgetragen wird, empfiehlt es sich, es bis zum Servieren in der Brühe zu belassen, damit es sich nicht verfärbt. Die Sauce separat dazu servieren.

Wer die Camargue bereist, sieht nicht nur Flamingos und Pferde. Dort gibt es auch die kleinen schwarzen Stiere, die zum Kampf in den Arenen von Nîmes und Arles eingesetzt werden. Doch nicht allein dafür werden sie gezüchtet und von den „gardians“, den Viehhirten, gehegt und gepflegt. Das kräftige Fleisch dieser Tiere wird meistens in Rotwein zu einer „daube“ geschmort oder aber, wie in diesem Rezept, wie Siedfleisch gekocht. Der Kochsud dieses gehaltvollen Fleisches läßt sich zudem sehr gut als Suppe servieren. Erstmals gegessen habe ich es auf diese Art in Arles, im berühmten Le Vaccarès, wo eine pikante Sauce dazu gereicht wurde.

Lammkeule nach Art des Doktors

10 cl Cognac
Salz
weißer Pfeffer
2 durchgepreßte Knoblauchzehen
1,2 kg Lammkeule mit Knochen
1 Liter kräftiger Bordeaux
2 EL Olivenöl
½ TL Thymian
1 Prise Muskatnuß
4 Wacholderbeeren
1 Lorbeerblatt
1 TL Puderzucker
1 TL Speisestärke

Variante:
Man kann auch eine ausgebeinte, gerollte Lammschulter auf diese Art zubereiten.

Weinempfehlung:
Haut-Médoc

Gigot du docteur
Den Cognac, wenig Salz und Pfeffer sowie den Knoblauch mischen. Die Keule mit der Mischung bestreichen, in Folie wickeln und 1 Tag im Kühlschrank lassen. Den Wein, das Olivenöl, den Thymian, etwas Muskatnuß, die leicht zerdrückten Wacholderbeeren, das Lorbeerblatt, den Puderzucker und wenig Salz und Pfeffer gut mischen. Die Keule in diese Marinade legen. Zweimal täglich wenden. Etwa 5 bis 7 Tage marinieren lassen. Die Keule sollte immer mit Flüssigkeit bedeckt sein. Eventuell etwas Wein nachgießen. Die Keule aus der Marinade nehmen, gut abtropfen lassen und mit Küchenpapier abtupfen. Langsam am Spieß oder im Ofen „saignant“ (30 bis 35 Minuten) oder „à point“ (40 bis 45 Minuten) grillen. Wenn beim Grillen im Freien kein Spieß vorhanden ist, die Keule in Aluminiumfolie einpacken und die Grillzeit um 10 bis 15 Minuten verlängern. Am besten benützt man dazu ein Bratenthermometer.
Die passierte Marinade bis zur Hälfte einkochen lassen, die Speisestärke mit wenig Wasser verrühren und die Sauce damit binden.

Dieses Rezept verdanke ich einem Arzt in Bordeaux, der einen ganz besonderen Trick anwendete, um dem Lammfleisch möglichst viel Würze zu verleihen. Er mischte den Cognac, Salz, Pfeffer und den durchgepreßten Knoblauch und verpaßte der Lammkeule mit dieser Mischung in regelmäßigen Abständen Injektionen. Und ich muß sagen, daß diese Methode bestens wirkte. Außerdem verwendete er ausschließlich „Pré-salé“-Lamm, wie es sie in der Umgebung von Bordeaux gibt. Diese Lämmer weiden auf Wiesen, die bei Flut vom Meer überspült sind. Dies verleiht dem Fleisch dieser Tiere einen leichten Salzgeschmack. Durch einen kräftigen, nicht unbedingt sehr teuren Rotwein aus Bordeaux wird die Sauce sehr gehaltvoll. Es ist ein Irrtum, hervorragende Jahrgänge und Provenienzen zum Kochen zu verwenden. Ein alter, ausgezeichneter Wein mag oft die Hitze im Topf nicht mehr ertragen, obwohl er im Glas noch wundervoll sein kann. Deshalb ist es wichtig, für die Sauce einen körperreichen, jüngeren Wein auszusuchen, der ihr neben dem Aroma auch Farbe verleihen kann.

CRU CLASSE
LA LAGUNE

Kutteln nach Art von Caen

Für 6 Personen

1,2 kg rohe, gemischte Kutteln
2 Kalbsfüße
1 Speckschwarte
250 g geviertelte Zwiebeln
4 gehackte Knoblauchzehen
4 Gewürznelken
2 Lorbeerblätter
1 EL Wacholderbeeren
Thymian
Salz
Pfeffer
1/4 Liter Cidre (Apfelwein)
1/2 Liter Fleischbrühe
500 g Lauch
250 g Karottenscheiben
4 EL Calvados
1 EL Zitronensaft
1 Messerspitze Cayennepfeffer

Tip:
Bei vorgekochten Kutteln muß die Garzeit um insgesamt 1 Stunde reduziert werden.

Getränkempfehlung:
Cidre und Calvados

Tripes à la mode de Caen
Die Kutteln in Vierecke von 4 cm Seitenlänge schneiden. Die Kalbsfüße in einen irdenen Schmortopf oder in einen Römertopf legen. Die Hälfte der Kutteln, die Speckschwarte, die Zwiebeln, den Knoblauch, die Gewürznelken, die Lorbeerblätter, die Wacholderbeeren und den Thymian darüber verteilen. Salzen, pfeffern und mit den restlichen Kutteln bedecken. Den Apfelwein und die Brühe darübergeben. Die Kutteln sollen mit der Flüssigkeit bedeckt sein. Ein Stück Aluminiumfolie über den Topf legen. Mit dem Deckel gut verschließen. Bei 160 °C etwa 3 Stunden schmoren lassen.
Die Lauchstangen quer halbieren und je 3 davon zu Bündeln binden. Den Topf öffnen. Die Karottenscheiben und die Lauchbündel zugeben. Wenn nötig, noch etwas Fleischbrühe oder Wasser nachgießen, damit die Kutteln mit dem Sud bedeckt sind. Sofort wieder schließen.
Etwa 2 Stunden weiterschmoren. Das Gericht mit Salz und Pfeffer würzen, den Calvados beifügen, gut schließen und nochmals 1 weitere Stunde garen. Dann das Fett von der Brühe abschöpfen. Die Kutteln, den Lauch und die Karotten anrichten. Den Sud passieren, den Zitronensaft und den Cayennepfeffer beigeben. Stark aufkochen lassen und über die Kutteln gießen.

Kutteleintöpfe waren schon in der Antike bekannt. Im Mittelalter wurden sie auf langweilige und primitive Art zubereitet, bis dann im 14. Jahrhundert in Caen ein kulinarisches Genie mit Namen Benoît sich mit ganzer Seele der Kochkunst verschrieb und unter anderem auch den desolaten Eintopf verbesserte. Er verhalf ihm in seiner Heimatstadt zu Würze und Ansehen. Bald wurden allenthalben die Kutteln „à la mode de Caen" serviert, manchmal sogar auf silbernen Stövchen, die gar nicht zu diesem rustikalen Gericht passen wollten. Mit der raffinierten Zubereitung kam auch das „Nationalgetränk" der Normandie, der Cidre, und später auch der Calvados zu Ehren. Um dieses Gericht in perfekter Zubereitung zu kosten, muß man heute nicht bis in die Normandie fahren. In Paris habe ich diese Kutteln unter anderem ganz echt im Bistro Pharamond auf einem kleinen schmiedeeisernen Rechaud serviert bekommen.

Cidre
Belle Marie
fruchtig

Lyoner Kalbskotelett
Kalbsblankett

LYONER
KALBSKOTELETT
500 g Zwiebeln
1 TL Zucker
2 EL Butter
250 ml Weißwein
100 ml süße Sahne
Salz
Pfeffer
1 Karotte
½ Lauchstange
(oberer, grüner Teil)
4 Kalbskoteletts
1 EL Butterschmalz
2 EL Noilly Prat (herber Wermut)

Weinempfehlung:
Brouilly oder Morgon

KALBSBLANKETT
600 g Kalbsschulter oder -brust
1 große Zwiebel
150 ml Weißwein
100 ml Fleischbrühe
1 Karotte
1 Lorbeerblatt
1 Zwiebel, gespickt mit
1 Gewürznelke
30 g Butter
1 EL Mehl
100 ml süße Sahne nach Belieben
Salz, Pfeffer
Rosmarin, Thymian
1 Eigelb

Weinempfehlung:
Weißer Mâcon

LYONER KALBSKOTELETT
Côte de veau à la lyonnaise
Die Zwiebeln schälen und grob schneiden. Mit dem Zucker in der Butter anziehen lassen. Mit dem Weißwein begießen und zugedeckt schmoren lassen. Sobald die Zwiebeln weich sind, im Mixer pürieren oder durch ein feines Sieb streichen. Das Zwiebelpüree mit der Sahne in eine Pfanne geben. Unter Rühren langsam eindicken lassen. Mit Salz und Pfeffer würzen. Die Karotte und den Lauch in sehr feine Streifen schneiden. Die Koteletts im Butterschmalz beidseitig kurz anbraten. Die Gemüsestreifen zufügen. Anziehen lassen und mit dem Wermut ablöschen. Halb zugedeckt 10 Minuten schmoren lassen. Die Gemüsestreifen herausnehmen und beiseite stellen. Das Fleisch aus der Kasserolle nehmen und in eine Gratinplatte legen. Den Bratenfond zum Zwiebelpüree gießen und vermischen. Über das Fleisch verteilen. Die Gemüsestreifen darüberstreuen. Unter der Grillschlange des Ofens ganz kurz gratinieren. Die Zwiebelsauce darf nur einzelne, kleine braune Flecken bekommen.

KALBSBLANKETT
Blanquette de veau
Das Kalbfleisch in große Würfel schneiden. Die feingeschnittene Zwiebel darübergeben. Mit dem Weißwein und der Brühe begießen. Die der Länge nach geteilte Karotte, das Lorbeerblatt und die gespickte Zwiebel zugeben und etwa 45 Minuten auf kleinem Feuer garen. Die Butter und das Mehl zu einer Kugel verarbeiten. In den Sud geben, gut rühren und sämig kochen. Nach Belieben mit der Sahne verfeinern und gut mit Salz, Pfeffer, Rosmarin und Thymian würzen. Das Eigelb verquirlen, etwas Sauce dazugeben und unter Rühren der Blanquette beifügen. Erhitzen, aber nicht kochen und sofort anrichten.

Die Blanquette de veau wird der Ile-de-France zugeschrieben. Es mag sein, daß sie dort entstanden ist. Jedenfalls begegnet man ihr in allen Pariser Bistros, wo die Sauce meistens zu dick gerät. Sollte dies bei der Zubereitung passieren, kann man sie ohne Probleme vor Beigabe des Eies verdünnen. Dann sieht das Gericht appetitlich aus und schmeckt herrlich.

LAMMRÜCKEN MIT KRÄUTERKRUSTE

Für 6 Personen

je 1 EL gehackte Kräuter (Rosmarinnadeln, Basilikum, Thymian, Majoran, Bohnenkraut)
1 TL Fenchelkörner
4 EL Olivenöl
3 durchgepreßte Knoblauchzehen
schwarzer Pfeffer aus der Mühle
Muskatnuß
1 Lammrücken von etwa 1,8 kg
Salz
250 g geschälte Tomaten
1 Lorbeerblatt
1 Prise Zucker
2 EL Butter
50 g geriebenes Baguette (franz. Stangenweißbrot) oder Paniermehl
3 EL gehackte Petersilie
2 EL Weißwein

Tip:
Beim Tranchieren das Fleisch am Knochen entlang zuerst senkrecht, dann waagrecht auf dem Brett in 1 cm dicke Scheiben schneiden.

Weinempfehlung:
Petite Syrah, Côtes de Provence

Selle d'agneau à la provençale
Die Kräuter und die Fenchelkörner mischen. Die Hälfte davon mit dem Olivenöl, 2 durchgepreßten Knoblauchzehen, 2 Umdrehungen schwarzem Pfeffer und 1 Prise Muskatnuß mischen. Das Fleisch mit dieser Marinade bestreichen und mindestens 6 Stunden im Kühlschrank ziehen lassen. Den Ofen auf 240 °C vorheizen. Den Lammrücken salzen und in eine feuerfeste Form legen. Etwa 35 Minuten braten. Sobald das Fleisch schön braun ist, mit Aluminiumfolie abdecken. Etwa 10 Minuten vor Ende der Bratzeit 2 Eßlöffel Fett aus dem Bratenfond herausnehmen, die Tomaten kleinschneiden und zusammen mit dem Lorbeerblatt, dem Zucker und dem restlichen Knoblauch darin 5 Minuten dünsten. Die Butter erhitzen. Das Paniermehl und die Petersilie mit dem Rest der Kräutermischung beifügen. Unter Wenden 2 bis 3 Minuten anziehen lassen. Mit den Tomaten mischen. Salz und Pfeffer zugeben und abkühlen lassen. Das Lorbeerblatt entfernen und die erkaltete Mischung über den Lammrücken verteilen. Unbedeckt 5 bis 10 Minuten bei Oberhitze leicht anbräunen lassen. Den Ofen abstellen und das Fleisch vor dem Servieren 10 Minuten darin belassen. Den Bratenfond mit dem Weißwein lösen und kurz aufkochen. Dazu passen grüne Kernbohnen.

Der Begriff „à la provençale" hat sich auf der ganzen Welt eingebürgert, obwohl es viele Gerichte mit dieser Bezeichnung gibt, die nicht mit der typischen Kräutermischung aus dieser Gegend zubereitet werden. Vielerorts, auch im Ausland, kann man diese berühmten „herbes de Provence" getrocknet in hübschen Keramiktöpfen kaufen. Die klassische Mischung besteht aus Rosmarin, Majoran, Thymian, Salbei, Fenchel, Basilikum und Bohnenkraut. Sie können sehr gut für dieses Lammgericht verwendet werden, wenn keine frischen Kräuter vorhanden sind.
Ich lasse manchmal das Paniermehl weg, dünste die Kräuter und die Tomatenwürfel in feinem Olivenöl und gebe diese Mischung erst vor dem Servieren über das Fleisch. Das ist nicht ganz echt, aber leichter und farblich sehr schön.

ÔTES DE PROVENCE
1992

Hähnchen in Vin jaune

50 g getrocknete oder
200 g frische Morcheln
1 großes, ausgenommenes Hähnchen oder eine Poularde aus der Bresse (mit Innereien)
1 Karotte
1 Zweig Stangensellerie
2 EL Butterschmalz
2 EL gehackte Schalotten
Salz
Pfeffer
300 ml Vin jaune oder trockener Sherry
¼ Liter süße Sahne

Tip:
Bei Verwendung von frischen Morcheln, diese gut waschen, kurz in Salzwasser abbrühen und wie im Rezept beschrieben weiterverarbeiten.

Weinempfehlung:
Vin jaune oder Beaujolais

Coq au vin jaune

Die getrockneten Morcheln in kaltes Wasser einlegen, so daß alle bedeckt sind. Nach 5 Minuten gut waschen, damit kein Sand zurückbleibt. Nochmals einlegen und 30 Minuten stehen lassen. Das Hähnchen oder die Poularde in 8 Stücke zerteilen, den Rückenknochen und den Hals beiseite legen. Den Magen, die Leber und das Herz putzen. Die Karotte grob hacken. Den Sellerie in kleine Stücke schneiden. Den Rückenknochen des Hähnchens in Stücke schneiden. Mit dem Hals, dem Magen und den anderen Innereien in 1 Eßlöffel Butterschmalz anbraten. Die Schalotten, die Karotte und den Sellerie zufügen. Kurz mitdünsten. Mit Salz und Pfeffer würzen. Mit der Hälfte des Weins ablöschen und etwa 30 Minuten garen, dann abgießen und den Fond aufheben. Die Morcheln durch ein Sieb geben. Das Einlegewasser durch einen Papierfilter gießen und aufheben. Die Hähnchenstücke im restlichen Butterschmalz leicht anbraten. Die Morcheln unter Wenden kurz mitdünsten. Mit dem vorbereiteten Fond ablöschen. Das Einlegewasser der Morcheln zugeben. Bei kleiner Hitze 35 Minuten garen lassen. Den restlichen Wein nach und nach zufügen. Die Hähnchenstücke mit den Morcheln in ein Sieb geben und warm stellen. Die Sauce auf ein Drittel einkochen. Die Sahne zufügen und sämig werden lassen. Nach Bedarf nachwürzen und über dem Geflügel anrichten.

Bei Fahrten ins Burgund machte ich sehr oft einen Halt in Arbois, wo das Haus von Louis Pasteur steht, der sinnigerweise einmal den Wein als das gesündeste und sauberste Getränk bezeichnet hat. Wahrscheinlich schätzte er bereits damals den Vin jaune aus dem Jura, der ähnlich wie ein Fino Sherry hergestellt, aber nicht aufgespritet wird, sondern mindestens sechs Jahre im Faß reift. In Arbois sagt man, der Vin jaune sei der seltenste und kontrollierteste Wein der Welt und auch der einzige, der fünf Winzergenerationen lang trinkbar bleibe. Auch in der Sauce wirkt er wunderbar.

Bohneneintopf nach Art des Languedoc

400 g weiße Bohnen
Salz
400 g Lammschulter ohne Knochen
150 g Schweinefleisch
90 g Brustspeck
30 g Gänse- oder Schweineschmalz
6 Knoblauchzehen
1 Kräutersträußchen (Lorbeer, Petersilie, Kerbel)
Pfeffer
1 gehackte Zwiebel
3 EL Olivenöl
400 g reife, geschälte Tomaten
1 Prise Zucker
4 Schweinswürstchen, wenn möglich mit Knoblauch
50 g geriebenes Brot
2 EL gehackte Petersilie

Tip:
Am besten gelingt dieses Gericht im gußeisernen Bräter oder in einem feuerfesten Tontopf. Man kann auch nur Schweinefleisch verwenden und Gänsestücke oder Schinken beifügen.

Weinempfehlung:
Corbières oder Cabanes de Fitou

Cassoulet de Castelnaudary

Die Bohnen am Vorabend in warmes Wasser (am besten Mineralwasser) einlegen. Je nach Art der Bohnen 1 bis 1½ Stunden im Einweichwasser knapp gar kochen. Erst nach 1 Stunde Kochzeit salzen. Das Fleisch und den Speck in große Würfel schneiden und in der Hälfte des Schmalzes anziehen lassen. Die Bohnen und den durchgepreßten Knoblauch zufügen. Mit heißem Wasser auffüllen, bis alles davon bedeckt ist. Das Kräutersträußchen beigeben und mit Salz und Pfeffer würzen. Etwa 1 Stunde bei ganz kleiner Hitze schmoren lassen. Etwas Kochsud herausnehmen und aufheben. Inzwischen die Zwiebel im Öl leicht dünsten. Die Tomaten entkernen, kleinschneiden, beifügen und etwa 20 Minuten garen lassen. Mit Salz, Pfeffer und dem Zucker abschmecken. Im Mixer pürieren. Die Schweinswürstchen im eigenen Fett rasch anbraten. Das Fleisch, die Bohnen und die in Räder geschnittenen Würste in einen gußeisernen oder einen Tontopf einschichten. Mit der Tomatensauce begießen. Das geriebene Brot mit der Petersilie mischen und darauf verteilen. Das restliche Schmalz erhitzen und darübergießen. Ungefähr 30 Minuten im vorgeheizten Ofen bei etwa 200 °C überbacken. Ab und zu die Kruste einstechen und die Oberfläche mit etwas Kochsud begießen.

Das Cassoulet ist eine Spezialität des mediterranen Languedoc. Das ganz echte Cassoulet von Castelnaudary und auch jenes von Toulouse wird aus „confit d'oie", das heißt mit im eigenen Fett eingemachtem Gänsefleisch zubereitet, das in dieser Form das ganze Jahr hindurch haltbar ist. Man ißt es kalt oder warm und streicht das Fett der Konserve aufs Brot. Das „confit d'oie" ist eine der ältesten französischen Spezialitäten. Demzufolge ist auch das Cassoulet ein sehr traditionelles Gericht. Es verdankt seinen Namen dem „cassol", dem bauchigen Topf, der in Issel bei Castelnaudary aus der roten Tonerde der Gegend hergestellt wird. Ursprünglich wurde das Cassoulet mit frischen Kernbohnen zubereitet, die dann im 16. Jahrhundert durch die aus Spanien kommenden weißen Bohnen verdrängt wurden.

Gebäck, Kuchen und Desserts

Pariser Brioche

Für 6 bis 8 Briocheformen

30 g Hefe
100 ml lauwarme Milch
1 TL Zucker
250 g Mehl
2 Eier
150 g gesalzene Butter
Butter für die Formen
1 Eigelb

Tips:
Brioches sollten immer frisch auf den Tisch kommen. Eventuell tiefkühlen und aufbacken!
Eine Riesenbrioche sieht gefüllt besonders gut aus.
Kleine, noch lauwarme Portionsbrioches sind zum Frühstück eine Attraktion.

Brioche parisienne
Die Hefe zerbröckeln und mit wenig Milch und dem Zucker verrühren. Das Mehl in eine große vorgewärmte Schüssel sieben, in die Mitte eine Mulde drücken und die aufgelöste Hefe hineingeben. Die restliche Milch mit den Eiern verquirlen und beifügen. Alles zu einem festen Teig kneten. Mehrmals zusammenfalten, plattdrücken und auf den Tisch schlagen. Zu einer Kugel formen, mit einem Tuch bedecken und an einem warmen Ort aufgehen lassen. Die weiche Butter zufügen. Den Teig plattdrücken, zusammenfalten, bis die ganze Butter aufgenommen ist. Den Teig im Abstand von 15 Minuten dreimal auseinanderziehen, zusammenfalten und schlagen. Kühl stellen und vor dem Backen nochmals in gleicher Weise bearbeiten. Etwa Dreiviertel des Teigs zu 6 bis 8 Kugeln formen. In die gebutterten Briocheformen legen. In der Mitte etwas eindrücken und aus dem restlichen Teig je ein Köpfchen einsetzen. Den Teig ringsum mit einer Schere 4 bis 5 Mal einschneiden, ohne die Köpfchen zu berühren. Den Teig bis 1 cm unter den Rand der Form aufgehen lassen. Mit dem verquirlten Eigelb bestreichen und im vorgeheizten Backofen 25 bis 30 Minuten bei 180 °C backen.

Neben den Croissants ist die Brioche das beliebteste Frühstücksgebäck zum Café au lait. Schon deshalb gehört in dieses Buch unbedingt ein Briocherezept. Dieser Briocheteig ist gesalzen, auch in dieser Variante findet er sehr oft Verwendung. Zum Beispiel in der Gegend von Lyon, wo man gerne eine Wurst damit umhüllt und backt. Dasselbe wird in den Gebieten, wo es Gänseleber gibt, mit dieser Delikatesse gemacht, und manch einer wundert sich, wie diese Zutat in den Teig kommt. Dann gibt es Brioches, die in einer Kastenform gebacken und in Scheiben geschnitten zu vielen Vorspeisen oder Desserts gereicht werden. Ist die Brioche nicht mehr frisch, wird sie getoastet, was man oft beim Hotelfrühstück beobachten kann.

Tarte Tatin

Für eine Form von 26 cm Durchmesser

Für den Teig:
250 g Mehl
125 g Butter
½ TL Salz

Für den Belag:
100 g Zucker
750 g Äpfel
(z.B. Jonathan, Glockenäpfel, Reinetten)
2 EL Zucker zum Bestreuen
50 g frische Butter

Tip:
Am besten schmeckt dieser Kuchen warm. Man kann ihn vorbacken und vor dem Servieren im Ofen nochmals erwärmen.

Verkehrt herum gebackener Apfelkuchen

Für den Teig: Das Mehl auf ein Teigbrett sieben, die Butter in Flocken beigeben und beides von Hand zerreiben, bis sich eine feinkrümelige Masse bildet. Damit einen Kranz formen und mit ⅛ Liter Wasser und dem darin aufgelösten Salz zu einem Teig verarbeiten. Nicht kneten, sonst wird der Teig zäh. Am Vorabend zubereiten oder mindestens 2 bis 3 Stunden kühl ruhen lassen.

Für den Belag: Etwa 100 g Zucker mit 1 Eßlöffel Wasser in einer Bratpfanne hellbraun karamelisieren. Den Karamel sofort in eine Kuchenform gießen und gleichmäßig darin verteilen. Die Äpfel schälen, halbieren, entkernen und jede Hälfte in drei gleich große Schnitze schneiden. Die Schnitze mit der gewölbten Seite nach unten kranzförmig auf den Karamel legen. Mit 1 Eßlöffel Zucker bestreuen. Die restlichen Apfelschnitze mit der Wölbung nach oben in die Zwischenräume legen. Mit dem restlichen Zucker bestreuen. Die Butter in Flocken über die Äpfel verteilen. Den Teig etwa 3 mm dick ausrollen. Ein kreisförmiges Stück mit einem Durchmesser von 30 cm ausrädeln. Den Teig auf die Äpfel legen und seitlich bis zum Boden des Blechs stoßen, damit nachher beim Stürzen ein Rand vorhanden ist. Den Kuchen in der Mitte des vorgeheizten Backofens bei 220 °C etwa 35 bis 40 Minuten backen. Sollte der Teig zu schnell braun werden, mit Aluminiumfolie abdecken. Die Tarte aus dem Ofen nehmen, 3 bis 4 Minuten ruhen lassen, dann auf eine mit Tortenpapier ausgelegte runde Platte stürzen.

Zwei ältere Fräuleins, die Demoiselles Tatin aus Lamotte-Beuvron im Orléanais, bereiteten eines Tages zu Ehren eines Besuchers einen Apfelkuchen zu. Als das eine Fräulein die Tarte aus dem Backofen nehmen wollte, sprang ihr die Katze auf den Arm, und der Kuchen landete verkehrt herum auf dem Küchenboden. Geistesgegenwärtig raffte sie das verunglückte Dessert zusammen, legte es, wie es war, in die Kuchenform und schob es nochmals in den Ofen. Alsdann bildete sich am Boden der Form eine Karamelschicht, die eben das Besondere an diesem Apfelkuchen ist und hervorragend schmeckt.

Gefüllter Brandteigring

Für eine Springform von
24 cm Durchmesser

Für den Teig:
45 g Butter
½ TL abgeriebene unbehandelte Orangenschale
15 g Zucker
1 Prise Salz
145 g Mehl
3 Eier

Butter für die Form
50 g Mandelblättchen zum Bestreuen

Für die Füllung:
110 ml süße Sahne
110 g Sahne-Frischkäse
50 g Zucker
300 g Himbeeren
1 EL Grand Marnier
1 EL Puderzucker

Übrigens:
Nach dem klassischen Rezept wird dieser Ring mit Pralinenbuttercreme gefüllt, die zuvor mit einer Meringuemasse gemischt wurde. Meine Füllung ist etwas leichter.

„Paris-Brest"

Für den Teig: Butter, Orangenschale, Zucker und Salz in 220 ml Wasser aufkochen. Die Pfanne vom Feuer ziehen und das gesiebte Mehl auf einmal zugeben. Mit einer Holzkelle rühren, wieder auf die Platte stellen und auf kleinem Feuer so lange weiterrühren, bis sich der Teig von den Wänden und dem Boden löst (etwa 3 Minuten). Die Pfanne wieder vom Herd nehmen und 2 Eier, eines nach dem anderen, tüchtig unter den Teig arbeiten. Den Boden der Springform (am besten mit Teflonbelag, damit das Gebäck nicht klebt) mit der Butter bestreichen. Auf ein rundes oder rechteckiges Kuchenblech stellen. Den Teig in einen Spritzsack ohne Tülle füllen und einen etwa 4 cm breiten Rand auf den Springformboden spritzen. Etwa 5 Minuten kühl stellen. Das letzte Ei trennen, den Teigring mit verquirltem Eigelb bestreichen und mit den Mandelblättchen bestreuen. Dann im vorgeheizten Backofen bei 180 °C 35 Minuten backen. Etwa 2 bis 3 Minuten abkühlen lassen. Das Gebäck vom Blech lösen und auf ein Gitter stellen.

Für die Füllung: Die Sahne steif schlagen, mit dem Frischkäse und dem Zucker mischen. Die Himbeeren und den Grand Marnier darunterziehen. Den Ring nach dem Erkalten quer durchschneiden. Mit den Himbeeren füllen. Nach dem Füllen mit dem Puderzucker bestäuben und auf ein rundes Tortenpapier stellen. Nach Belieben Himbeersaft dazu servieren.

Daß ein Gebäck den Namen eines Radrennens trägt, ist wohl einmalig. Ein Konditor in der Pariser Bannmeile kam im Jahr 1891, als er die Radrennfahrer an seinem Geschäft vorbeiflitzen sah, auf die Idee, aus dem Teig seiner „éclairs" ein Gebäck in Form eines Rades zu gestalten. Er taufte die neukreierte Spezialität nach der Etappe „Paris-Brest". Später entstand eine Variante mit Namen „Paris-Nice", ohne Mandeln und gefüllt mit „crème Chiboust", einer Vanillecreme, die man noch heiß mit Eischnee aufschlägt.

Feigentörtchen aus dem Schloss Montcaud

Für 4 Törtchen von 12 cm Durchmesser

Für die Zimteiscreme:
3 Eigelb
50 g Puderzucker
250 ml Milch
1 Vanilleschote
1 TL gemahlener Zimt

Für die Törtchen:
150 g Blätterteig
2 EL geschälte, gemahlene Mandeln
10 frische schwarze Provencefeigen
50 g Zucker
40 g in Flocken geschnittene Butter
12 Eisenkrautblätter

Variante:
Man kann statt Eisenkraut auch etwas Pfefferminze nehmen.

Weinempfehlung:
Muskatwein von Banyuls oder Beaumes-de-Venise

Tarte de figues du Jardin de Montcaud

Für die Zimteiscreme: Die Eigelbe mit dem Puderzucker zu einer weißlichen Creme schlagen. Die Milch mit der aufgeschlitzten Vanilleschote erhitzen und mitsamt der Vanille unter Rühren zu den Eigelben geben. Den Topf putzen und gut ausspülen. Die Creme hineingeben und langsam, ohne sie kochen zu lassen, sämig schlagen. Den Zimt zugeben, alles in ein passendes Gefäß gießen und tiefkühlen. Ab und zu umrühren, damit sich keine Kristalle bilden.

Für die Törtchen: Den Blätterteig etwa 1 bis 2 mm dick ausrollen. 4 runde Stücke von etwa 12 cm Durchmesser ausstechen und auf ein mit kaltem Wasser abgespültes Blech legen. Die Teigböden, damit sie nicht aufweichen, mit den Mandeln bestreuen. 2 Feigen für den Guß beiseite legen. Die restlichen Feigen in dünne Scheiben schneiden und fächerförmig auf den runden Teigstücken anordnen. Mit etwa 30 g Zucker bestreuen und jedes Törtchen mit Butterflocken belegen. Im vorgeheizten Backofen sofort bei 220 °C etwa 20 Minuten backen. Inzwischen die 2 zurückbehaltenen Feigen mit einer Gabel zerdrücken. Etwa 5 Minuten mit etwas Wasser und dem restlichen Zucker weich kochen, dann durch ein feines Sieb passieren oder im Mixer pürieren. Die Törtchen unmittelbar vor dem Servieren mit dem Sirup bestreichen und nochmals 2 bis 3 Minuten überbacken. 4 Eisenkrautblätter sehr fein hacken und darüberstreuen. Mit den restlichen Blättern garnieren.

Wer in Frankreich besonders gut essen will, braucht Geheimtips. Die beste Empfehlung ist die Mund-zu-Mund-Werbung. So habe ich auf dem Weg nach Nîmes ein Paradies entdeckt: das Château de Montcaud, ein herrliches restauriertes Schloß mit wunderschönen Gästezimmern und, was nicht selbstverständlich ist, einem ausgezeichneten Restaurant, wo die Küche der Gegend besonders gepflegt wird. Es ist eine Freude zu erleben, was alles aus den Produkten der benachbarten Bauern und aus dem Garten des Schlosses entstehen kann, wenn man wirklich mit Liebe kocht.

Apfelbrioches
Kirschenflan

APFELBRIOCHES
4 Äpfel (Sorte, die nicht verkocht, z.B. Jonathan oder Glockenäpfel)
120 ml süße Sahne
2 EL Calvados
2 EL Zucker
4 große Scheiben Brioche (siehe Rezept S. 172)
40 g Butter
Butter für die Form
3 EL Apfel-, Quitten- oder Johannisbeergelee

KIRSCHENFLAN
Für eine Form von 28 cm Durchmesser
500 g schwarze Kirschen
100 g Zucker
350 ml Milch
½ Vanilleschote
3 Eier
Salz
100 g Mehl
1 EL Kirsch oder Rum
Butter für die Form
Puderzucker zum Bestreuen

APFELBRIOCHES
Croûtes aux pommes à la normande
Die Äpfel schälen, halbieren und das Kernhaus entfernen. Jede Hälfte in 6 Schnitze teilen. Die Sahne, den Calvados und den Zucker mischen. In ein flaches Gefäß gießen. Die Briochescheiben hineinlegen und mit der Mischung gut durchtränken. Die Butter erhitzen, die Apfelschnitze hineingeben und unter Wenden darin knapp weich garen. Sie dürfen leicht karamelisieren. Die getränkten Briochescheiben in eine gebutterte feuerfeste Form legen. Mit den gebratenen Äpfeln belegen; man braucht sie nicht schön anzuordnen. Das Gelee mit einer Gabel zerdrücken. Auf die Apfelschnitten geben. Die von den Briochescheiben nicht aufgesogene Sahne über die Äpfel verteilen. Im vorgeheizten Backofen bei 220 °C etwa 15 bis 20 Minuten überbacken. Die Äpfel dürfen Farbe annehmen und sollten etwas aufgehen. Heiß in der Form servieren.

In dieser Süßspeise sind die besten Zutaten der Normandie vereint: Äpfel, herrliche Sahne und Butter sowie Calvados.

KIRSCHENFLAN
Clafoutis limousin
Die Kirschen waschen und entstielen. Mit 50 g Zucker bestreuen und 1 Stunde ziehen lassen. Die Milch mit der aufgeschlitzten Vanilleschote aufkochen und beiseite stellen. Die Eier, den restlichen Zucker und Salz zu einer sämigen Creme schlagen. Das Mehl sieben und nach und nach daruntermischen. Die etwas abgekühlte Milch hineinrühren und die Vanilleschote entfernen. Den Kirsch oder den Rum beifügen und den Teig 1 Stunde ruhen lassen. Die Form sehr gut ausbuttern. Die Kirschen hineingeben. Die Eiercreme daraufgießen, dabei darauf achten, daß die Kirschen gleichmäßig darin verteilt sind. In der Mitte des vorgeheizten Ofens bei 200 °C 25 bis 30 Minuten backen. Mit dem Puderzucker bestreuen. Lauwarm oder kalt servieren.

Für dieses Dessert aus dem Limousin werden die Kirschen nicht entsteint, weil die Steine dem Gebäck ihr spezifisches Aroma verleihen. Dadurch wird das Essen etwas mühsamer und man sollte dabei auf seine Zähne aufpassen.

Zuckerkuchen nach Art von Pérouges

Für eine Form von 32 cm Durchmesser

Für den Teig:
20 g Hefe
2½ EL Zucker
250 g Mehl
Salz
4 EL Butter
1 Ei
1 EL geriebene Schale einer unbehandelten Zitrone

Für den Belag:
1 EL Milch
3 EL Zucker
50 g in Flocken geschnittene Butter

500 g Himbeeren
200 g Crème double

Galette pérougienne aux framboises

Für den Teig: Die Hefe mit ½ Eßlöffel Zucker, 2 Eßlöffel Wasser und 1 Eßlöffel Mehl zu einem flüssigen Teig verrühren. An einem warmen Ort (max. 35 °C) um das Doppelte gehen lassen. Das restliche Mehl und Salz in eine Schüssel sieben. In die Mitte eine Mulde drücken. 3 Eßlöffel Butter in Stücke schneiden, das Ei verquirlen und zusammen mit der aufgelösten Hefe, der Zitronenschale und dem restlichen Zucker hineingeben. Mit 2 Eßlöffel Wasser befeuchten und rasch zu einem Teig verarbeiten. Gut kneten und mehrmals auf den Tisch schlagen, bis er gleichmäßig ist. Mit einem Tuch bedecken und 1 bis 2 Stunden an einem warmen Ort gehen lassen.

Mit dem Teigroller plattdrücken. Das Blech mit der restlichen Butter bestreichen und den Teig darauflegen. Wenn nötig, mit den Händen etwas ausziehen und einen Rand von etwa 1 cm Höhe hochziehen. Etwa 10 Minuten im Blech gehen lassen.

Für den Belag: Den Rand mit etwas Milch bestreichen. Den Teigboden mit 3 Eßlöffel Zucker und den Butterflocken bestreuen. Im vorgeheizten Backofen bei 230 °C etwa 25–30 Minuten backen. Lauwarm oder kalt servieren. Die Himbeeren und die Crème double separat dazu reichen.

Früher, als es noch keine Autobahn gab, und wir oft nach Spanien fuhren, wählten wir meistens den Weg über Lyon, und zwar einzig und allein deshalb, um in Pérouges, einem wunderschönen mittelalterlichen Städtchen, haltzumachen. Es liegt zwischen Genf und Lyon auf einem Hügel bei Meximieux und ist weithin sichtbar. Wir übernachteten im wunderschönen Schloß und freuten uns lange im voraus auf das ausgezeichnete regionale Essen im Restaurant des Hotels. Dort wurde man von liebenswürdigen Damen, die in der Tracht des Bugey steckten, umsorgt und beraten. Wir wählten zum Dessert immer wieder die traditionelle Galette pérougienne, die mit der unvergeßlichen dicken Sahne der Gegend serviert wurde. Und zwar wurde sie in einem Steinguttopf „à discrétion“ auf den Tisch gestellt. Wir bedienten uns mit dem Suppenschöpfer daraus und schwelgten im siebten Himmel.

Birnen in Cassissauce

400 ml roter Burgunderwein
2 Gewürznelken
1 Zimtstange
1 TL geriebene unbehandelte Orangenschale
100 g Zucker
4 schöne Birnen
1 EL Crème de Cassis (schwarzer Johannisbeerlikör)
4 EL Gelee von schwarzen Johannisbeeren
1 TL Speisestärke

Weinempfehlung:
Malvoisie, Muscat

Poires „belle Dijonnaise“
Den Wein, die Nelken, den Zimt, die Orangenschale und den Zucker aufkochen. Die Birnen schälen, dabei den Stiel nicht entfernen. Die Unterseite der Birnen geradeschneiden, damit sie stehen können. Zusammen mit dem Weinsirup in eine Pfanne geben und etwa 20 Minuten (je nach Sorte eventuell auch etwas länger) garen. Die Birnen müssen fest bleiben.
Die Früchte herausnehmen und auf einer Platte stehend anrichten. Den Weinsirup bis zur Hälfte einkochen lassen, mit dem Johannisbeerlikör und dem Gelee gut mischen. Etwa 1 Teelöffel Speisestärke mit wenig Wasser verrühren und unter Rühren zufügen. Kochen, bis das Gelee ganz aufgelöst ist. Den dicken Sirup nach dem Erkalten über die Birnen gießen.

Schwarze Johannisbeeren sind typisch für das Burgund. Bereits 1750 wurden diese Beeren erstmals in den Gärten des Château de Montmuzard, in der Nähe von Dijon, angepflanzt. Danach entstanden Plantagen in der Region der Côte d'Or. Ein wichtiges Produkt aus der Gegend ist heute der Johannisbeerlikör, der seit 1841 im großen Stil hergestellt und unter der Bezeichnung „Crème de Cassis“ verkauft wird. Weltweit bekannt wurde dieser Likör durch den Kir, dem heute klassischen Burgunder Apéritif. Man mischt dafür einfach Burgunder Weißwein, zum Beispiel Aligoté, mit etwas Johannisbeerlikör. Beim edleren Kir royal wird der Weißwein durch Champagner ersetzt. Dieses Getränk ist benannt nach Félix Kir, der nach dem Krieg Domherr und Bürgermeister von Dijon war, da er im Rathaus bei offiziellen Anlässen diesen Apéritif kredenzen ließ. Im Burgund werden aus den Cassisbeeren auch exzellente „pâtes de fruits“, Fruchtpasten, hergestellt, die es bei einem Besuch in dieser Gegend zu kaufen lohnt. Ferner gibt es viele Desserts, die ihr raffiniertes Aroma dieser Beere verdanken. Ich mische gerne schwarze Johannisbeeren mit drei oder vier anderen Beerensorten und serviere sie mit Crème fraîche. Delikat und schnell – und immer ein Erfolg.

Die Rezepte nach Regionen

Soweit in den Rezepten nichts anderes vermerkt ist, sind die Zutaten für vier Personen berechnet.

Die Rezepte alphabetisch

Bildquellen
Impressum

Archiv für Kunst und Geschichte, Berlin: 86
Bruno Barbey: Magnum/Focus 32, 33
Bilderberg: Nomi Baumgartl 20; Frieder Blickle 28; Klaus Bossemeyer 50, 51, 104; Peter Ginter 7; Eberhard Grames 14, 39; Wolfgang Kunz 30/31; Andrej Reiser 55 (beide)
Diaphor: R. Decottignies 46
Frank Fournier: Contact Press Images/Focus 29
Alain Guillon: Focus 36
IFA: Bail 63; Diaf 38, 53, 58, 68, 110; Haigh 13, 35; Hasenkopf 12; LDW 2; Nägele 23; Tschanz 54; Welsh 21
Frieder Klenk: 15
Urs Kluyver: Focus 49, 57
Tom Krausz: Focus 6
Guy le Querrec: Magnum/Focus 56
Werner Richner: 59
Gregor M. Schmid: 22, 84
Sigloch Bildarchiv: Hans Joachim Döbbelin 10/11, 64/65, 92/93, 108/109, 130/131, 170/171 und alle ungeraden Seitenzahlen 67–185
Hans Silvester: Focus 24
Snowdon/Hoyer: Focus 18/19, 41 (beide), 42; Cosmos/Focus 40
Studio für Landkartentechnik, Norderstedt: 4/5
Fotoagentur Sucha: 8 (beide), 44, 182
Pierre Toutain: Focus/Cosmos 52
Visum: Wilfried Bauer 37; Günter Beer 47, 60/61; Jörg Modrow 43, 45 (beide); Rolf Nobel 16, 17; Jo Röttger 25, 26, 27

Internet: http://www.sigloch.de
 Printed in Latvia.
Druck: Preses Nams Corp., Riga
Papier: 135 g/m^2 UPM Finesse premium silk
Ein Produkt der UPM Kymmene Gruppe
Bindearbeiten: Sigloch Edition Buchbinderei, Am Buchberg 8, 74572 Blaufelden

ISBN 3-89393-119-8

In dieser Reihe
sind folgende Bücher erschienen: